蒙台梭利

有吸收力的心灵

〔意〕蒙台梭利——著

谢妮——译

中国水利水电出版社
www.waterpub.com.cn
·北京·

内 容 提 要

　　《蒙台梭利有吸收力的心灵》完美地体现了蒙台梭利教育的创新，至今仍然超前且十分重要。在本书中，蒙台梭利从儿童的心理和生理特点出发，结合自身实践的经验，提出了人类自身自然发展的重要作用，孩子的知识是通过他们在自己所处的环境中吸收并亲身体验获取的，教育应与人类自身发展的实际相结合。

图书在版编目（ＣＩＰ）数据

　　蒙台梭利有吸收力的心灵 ／（意）蒙台梭利著 ；谢妮译. -- 北京 ：中国水利水电出版社，2022.3
　　ISBN 978-7-5226-0371-1

　　Ⅰ. ①蒙… Ⅱ. ①蒙… ②谢… Ⅲ. ①儿童教育－早期教育 Ⅳ. ①G61

　　中国版本图书馆CIP数据核字(2022)第000527号

书　　　名	蒙台梭利有吸收力的心灵 MENGTAISUOLI YOU XISHOULI DE XINLING
作　　　者	〔意〕蒙台梭利 著　谢妮 译
出 版 发 行	中国水利水电出版社 （北京市海淀区玉渊潭南路1号D座　100038） 网址：www.waterpub.com.cn E-mail：sales@waterpub.com.cn 电话：（010）68367658（营销中心）
经　　　售	北京科水图书销售中心（零售） 电话：（010）88383994、63202643、68545874 全国各地新华书店和相关出版物销售网点
排　　　版	北京水利万物传媒有限公司
印　　　刷	天津旭非印刷有限公司
规　　　格	146mm×210mm　32开本　7.25印张　130千字
版　　　次	2022年3月第1版　2022年3月第1次印刷
定　　　价	49.80元

目录

CONTENTS

重建世界的力量

孩子拥有源源不断的生命活力，这种力量能引导他们走向美好的未来。而我们成人能做的，则是通过教育更好地保护和开发孩子的这种潜能。

　　创作这本书有两个目的：一是记录人类思想的发展历程，二是保护孩子的潜能。

　　世界纷争不断，如何才能重建一个更美好的世界呢？教育是最有力的途径。**要想提高每个人的生存能力，并且让生存环境越来越美好，我们必须要依靠教育。**

　　虽然道理说出来大家都懂，但是由于人类社会的发展，教育普遍更重视的是知识层面的传承和发展，而在更高的人文领域，比如如何减少战争和冲突，目前还未达到这种理想高度。而恰是这些在传承里被忽视了的东西，更能明显地促进社会进步，为人类创造更美好的未来。

　　那么，哪里可以找到重建新世界的力量呢？答案就是孩子！**孩子拥有源源不断的生命活力，这种力量能引导他们走向美好的未来。而我们成人能做的，则是通过教育更好地保护和开发孩子的这种潜能。**

　　如今，人们越来越重视孩子的心理活动，一些心理学家甚至在婴儿刚出生几小时后就开始对他进行观察和研究。还有一些心理学家指出：**0—2岁对人的一生影响深远，在这一阶段，婴儿**

已经开始慢慢形成人格。

但是，对于一个什么都听不懂也无法用语言表达自己想法的婴儿来说，又该如何对他们进行教育呢？只对他们进行卫生方面的教育吗？其实不然，这里所说的教育具有更深刻的含义。

在孩子刚出生时，教育可以帮助孩子发展出自我成长所必须的精神力量，因此我们不能使用传统的"你听我讲"之类的说教式教育方法来教育孩子。

越来越多的研究表明，孩子具有特殊的天赋，这为众多的教育工作者指出了一条新路。在过去的几千年里，人们并没有重视和发现孩子的创造力和潜能。尽管社会文明在不断进步，孩子的精神世界中蕴藏的宝贵财富却一直被忽视了。

直到最近，人们才慢慢地发现了孩子的这种潜能。卡雷尔博士曾说过：**"婴儿阶段的孩子具有非常珍贵的研究价值。人们应该对婴儿进行各方面的研究、开发和挖掘。这个阶段是不可逆的，所以一定要抓住时机。"**

随着社会的发展，我们越来越深刻地认识到精神财富的可贵之处，这种财富比任何一种金银财宝都更珍贵。

对 0—2 岁婴儿的观察为我们的研究拉开了序幕。这个年龄段的孩子处于精神构建的初期，他们的精神生活与我们成人是完全不同的。

研究显示，**孩子具有天然的学习能力和接受知识的能力**。日常生活中的一些简单事例就足以证明这一点了。例如大家会发现，孩子通过日常生活的积累，能够非常流利地说出父母说的语言。一个成人学习一门新的语言并达到母语的程度，实在是太难了；但是对于孩子而言，却是轻而易举就能做到的事情。

研究过孩子语言学习规律的人发现：语言学习的不同时间段会有不同的语言习惯和高频词汇，孩子会按照时间阶段，按部就班地学习语言。他们如同勤劳的小蜜蜂，逐步掌握不同的语法结构和新鲜词汇，并适应其各种复杂变化。

但是，如果等到孩子长大后再让他们学习一门新语言，即使是由最权威、最优秀的语言学者来教他们，他们也不可能达到和说母语一样流利的水平。

由此可见，**孩子天生具有一种精神力量，能非常有效地促进他们成长。这种力量的影响除了体现在语言学习上以外，也会体现在对外界其他人、事、物等的感知上。**

在0—2岁这个阶段，孩子的这种精神力量得到了最大限度的发挥，也学会了很多东西。他们不仅要适应生活环境，认识身边的人和事物，还会获得一些无形的财富，比如智慧、信仰、爱国情感等，这些无形且复杂的东西无法通过语言传授，都是孩子通过自己独有的精神力量，在潜移默化中慢慢获得的。

到了3岁，孩子拥有了一定的人格基础，开始需要进入专门的学校接受教育。这个阶段对于孩子来说也很特殊，他们在语言表达、观察能力等方面都有了很大的进步，也就是成了我们所说的"小大人"。这种说法也得到了心理学家的认可，成人需要

大概60年辛苦努力才能掌握的技能，孩子仅用3年的时间就能学会。

可是，孩子从周围环境中吸收、学习的能力还远远没有发挥出最大的水平。

通常情况下，孩子从3岁开始进入幼儿园。而在3岁之前，他们没有接受过系统的教育，可是他们的成长进程丝毫没有受影响。这向我们展示了人类精神力量的奇特之处。同时也说明，**一个人的成长，最重要的是环境潜移默化的影响，而非直接的知识传递**。

比如，在儿童之家，有些孩子的父母自身没有多少文化，但是这些孩子在5岁之前就会写字了。当你问这些可爱的孩子："是谁教你们写字的呢？"得到的回答往往是："没有人教我们啊。"

4岁半的孩子对文化知识的学习往往还没开窍，但是已经会书写了，这个现象很值得玩味。一些媒体将这一奇怪的现象解释为"天生的文化获取力"。心理学家对此做过多次教育实验，最后得出了这样的结论：孩子天生具有一种"吸收"的能力。如果这个结论成立，说明孩子的确能够毫不费力地获得文化知识。

那么，其他方面的学习又如何呢？通过各项教育实验可以得知，**孩子吸收知识所花费的时间甚至比学会读写还要短，例如，他们可以毫不费力地掌握动植物、算数、地理等方面的基础知识**。

　　通过对上述举例进行分析，我们可以得出结论：婴幼儿的学习是一个自然吸收的过程，他们不需要特别的教学，就可以从环境中直接吸收知识。这样一来，老师不应该拘泥于"说教"，而是应该营造适当的环境氛围，组织一系列相关活动，引导孩子们自己去探索发现。

　　近40年来，我在不同的国家进行了有针对性的教育研究，并且有了成果——人类个体的活动对于自身的发展影响重大。如果我们让孩子顺着天性发展，其精神就不会受到压迫，有可能最终会取得巨大的成功；**如果压制孩子的天性，他们就可能会精神低落，甚至导致其成长偏离正常轨道**。因此，我认为，任何教育革新都要以人为本，根据个体差异因材施教。

　　人类并不是进入学校以后才开始获取知识的，而是从一出生就开始了学习的过程，特别是0—3岁这一年龄段，接收的知识最多。这个特殊的阶段，也最需要我们给予孩子更多的关注和支持。如果我们在这个阶段适时地给孩子提供一些帮助，相信他们就能还我们一个奇迹。

教育的革新

　　纵然孩子的生理缺陷已
经得到重视，但是也仅仅限
于"看得见"的身体缺陷，
对于不合适、不健全的教育
方法给孩子带来的无形伤害，
理应引起社会的广泛关注。

　　印度民族解放运动的领袖甘地曾经提出，教育必须贯穿人的一生。不仅如此，他还指出，教育的核心任务就是捍卫生命。甘地是第一位提出这种观点的社会领袖。

　　当前社会中，教育方式可谓五花八门，但无论是哪种，都只重视教育方法和教育目的，强调教育是为了满足社会的需求，而忽略了孩子自身的需要。在全世界所有国家的教育体系中，没有一种教育方式强调教育应该从婴幼儿期开始就对孩子给予支持和保护。

　　目前的教育将学生封闭在象牙塔里，断绝他们与外界社会的接触，并且用规则限制学生的行为，他们只能刻板地按照教学大纲进行填鸭式的学习，这实际上是背离了人性和社会学规律的。在此过程中，学生的学习结果会受到很多因素的影响，比如学校传授的知识并非他的兴趣所在，或者他的听力不好、视力下降……这些因素都会导致他的学习成绩不尽如人意。

　　纵然孩子的生理缺陷已经得到重视，但是也仅仅限于"看得见"的身体缺陷，对于不合适、不健全的教育方法给孩子带来的无形伤害，理应引起社会的广泛关注。

瑞士心理学家埃杜纳得·克莱帕瑞德曾引领过"新教育"运动，在深入调查学校的课程设置之后，进行了"如火如荼"的课程改革，努力减少课程数量，为学生"减负"。但是这场运动并未涉及"为何儿童时期可以毫不费力地吸收知识"这一问题。

就现状而言，大部分学校只注重教学大纲的传达和实施，而对于大纲以外的学习，例如一些社会现象及人生百态，只要学生有异议，教育当局就会发布指令，命令学生专心学习，其他一切与他们无关。

而这些思想受到禁锢的年轻人，在离开学校的时候已经失去了自己的个性，根本无法对目前所处的社会和时代问题做出正确的判断，失去了基本的社会认知。这种感觉就好像一个大学生生病住院了，直到他死亡之时，校方都无动于衷，没有探望和慰问；但是在他的葬礼上，校方却出现了，还表现出了很关心的样子。这是一种可悲的状态，因为事已至此，无力回天。

踏入社会是学生人生的重要阶段，在学生与社会人身份切换的过程中，很多大学生都会紧张，觉得无法适应。家人想帮忙却无从下手，而学校或者教育机构却不以为意，他们从未意识到这件事的重要性。学校或者教育机构更重视成绩和文凭，在意学生的入学通过率和升学数据。**但是对于实际的社会生活而言，成绩根本没有用处。**

有数据显示，目前社会人口中，亚健康人群的比例呈增长趋势，各种心理问题层出不穷，社会的浮躁与焦虑逐步加深。专家一再呼吁，校方应在减轻学生的精神压力方面持续努力。但到目前为止，这些都未引起学校的重视。

传统的教育方式对于学生的不利影响越来越大，但是教育改革并非一日之功，只能通过外界施压，加快改革的进程。**学校的教育不应该仅仅停留在知识传播的层面，而是应该以人为本、因材施教。**

正因为如此，我们更应该重视婴幼儿的教育。以常识而论，对于无法与我们进行直接交流的婴儿，教育似乎无从下手，只能从基本的生理需求方面对他们进行悉心的照料。但是我们可以通过对婴幼儿的观察，发现他们成长的规律，进而为人类的精神成长提供有效的数据和帮助。当然，除了了解和掌握孩子成长的规律以外，我们还应该营造有利的环境，在社会中对孩子的心理健康常识进行广泛的宣传，用崭新的社会风貌带来孩子更好的精神成长。

生命的发展规律也就是人类的"人权宣言"，依据生命的发展规律，我们更应该重视对孩子的教育。心理学家研究表明，**在成人的积极干预下，婴幼儿的精神发展会朝着积极的方向进行，他们的心智会更强大、情绪更稳定、精力更充沛。**因此，对于正处于成长关键期的婴儿，我们需要主动采取措施，从科学的角度提供帮助和支持。

除了满足孩子基础的生理需求，给予物质上的满足以外，他们的心理状态也值得我们重视。婴幼儿身上隐藏的巨大精神力量是远远超出我们的想象的。

新生儿长期处于睡眠状态，而且受到肌肉和骨骼的力量限制，他们无法完成很多基础动作，例如翻身。新生儿的眼睛对外界事物的感知也是逐步增强的，更别说开口描述自己所看到的场景了。然而，**随着时间的推移，新生儿慢慢长大，他们学会走路、跑步，也学会了说话，形成自我的内在逻辑，从生理到心理都成长为一个真正的"人"。**

这也就说明了，孩子具有主动学习和吸收的能力，他们并不是完全被动的个体，只能任由我们成人摆布，也不是处处需要我们成人的帮助才能成长。可以说，孩子才是成人的"先辈"，成人都是从孩子慢慢长大的！

世人都会感慨母爱的伟大和细致，认为是母亲教会了孩子走路、说话和做事。但是我们通过观察孩子的成长轨迹发现，这些事情都是孩子到了一定阶段就可以自然地掌握的，而非母亲的成就。

孩子是可以独立成长的，母亲只是给予了他们生命以及帮助。多少失去母亲的孩子，最后依然能长大成人。

如果让一个印度的孩子从出生后就在美国生活，让他在美国人的照顾下长大，那么他掌握的就会是英语而非印度语。由此可见，孩子的语言表达能力并非来自母亲，而是来自他们所处的生活环境。**其他技能也是如此，都来自孩子自己内心强大的精神力量，而非父母的遗传，是孩子在所处的环境中，通过自身努力一**

有吸收力的心灵

人类的成长，其实就是不断重生的过程。孩子在学习时，通过与环境的互动，让知识进入大脑并帮助大脑发育，从而建立了自己独特的精神世界。

　　经过专业系统的研究，心理学家将一个人从出生到大学毕业这一时期划分成了具有不同鲜明特点的发展阶段。这与我们以往的认知是有差异的。**以前，婴幼儿的精神价值根本没有得到正视，随着年龄的增长，一个人的精神价值才慢慢得到认可。**现在，心理学家纠正了这种认知，**他们认为婴幼儿时期是人类生命起源的重要阶段，也具有研究价值。伴随着成长，一个人在身体发育的不同阶段，心理活动也会出现不同的特征。**

　　曾有人说过："**人类的成长，其实就是不断重生的过程。**"用词虽然略有夸张，但很准确。一个人的成长，就是一个阶段结束、另一个阶段随之而来的过程，具体划分如下。

　　第一阶段是0—6岁，也就是学龄前时期，是一个人心理的高速发展期。它又细分为两个阶段，分别为0—3岁和3—6岁。

　　一般来说，3岁以前的孩子是不会被学校接受的，因为这个年龄段的孩子无法感知成人世界的规则和影响，成人无法进行干预。过了3岁，虽然孩子的心理特征没有变化，但是慢慢地可以与成人对话，并逐步受到成人的影响。

　　通过将新生儿和6岁的孩子进行对比，不难发现，在6年间，孩子的心理特征发生了巨大的变化。无论这个变化是如何发生的，我们都必须承认，**6 岁的孩子已经具有足够的生活智慧，来应对周遭环境的变化，相对于婴幼儿，他们更能适应学校的生活。**

第二阶段是 6—12 岁，也被称为平缓过渡期。这个阶段的孩子，身体和心理的发展都相对平缓。当然，和第一阶段相比，第二阶段还是有相当明显的变化，例如孩子的换牙期都集中在这一阶段。

第三阶段是 12—18 岁，这一阶段是快速变化的时期。这个阶段分为两个子阶段，即 12—15 岁和 15—18 岁。

在第三阶段，孩子的生理会逐渐发育成熟，我们常说的 18 岁成人礼即是对这个阶段的认可。

到了 18 岁，孩子具有了成人的生理特征，拥有成人的外表，此后他们身体的变化就不再显著了。

目前，官方教育已经意识到孩子成长的这三个阶段以及孩子在不同阶段的不同心理特征。尽管认知还不够深刻，但称得上是一个良好的开始。

意大利正式入学年龄是 6 岁，证明在人们普遍的认知里，6 岁的孩子已经具备一定的智慧，可以融入集体生活，拥有一定的自主生活能力，同时能接收外界传递给他们的知识和信息，并且遵守学校制定的规则。这也是外界对这个阶段孩子能力的认可。对比婴幼儿时期的"一无所知"，很显然，孩子在这 6 年间发生了翻天覆地的变化。当然，并非所有的教育者都能敏锐地发现孩子身上的这些变化。

12岁时，孩子会从小学升入中学，其他国家也大都如此，这代表了国际上对这个阶段划分的普遍认可。为什么会认为6—12岁的孩子具备了接受文化知识的能力呢？这是教育者们根据多年经验而得出的结论，也代表大家慢慢开始了解儿童心理的特征了。

根据教育者们的经验，这个阶段的孩子能够有序融入集体生活之中，接受外界的要求并给予适当的反馈，比如能够遵守课堂秩序、有耐心并集中精神地听课、坚持学习等。

升入初中后，孩子会进入另一种教育状态。12岁是分水岭，官方教育的设置也恰好表明，他们认识到了这个年龄孩子的心理变化。

第三阶段的两个子阶段分别对应的是初中和高中时的孩子，这两个子阶段也是有区别的。**在经历了前面一个阶段的平缓期以后，孩子慢慢进入青春期，生理和心理都发生了巨大的变化。这一阶段也受到了教育学家和心理学家的普遍关注。孩子开始变得脆弱，情绪起伏不定，对环境表现得极其敏感。**很多孩子在这一阶段出现了叛逆行为。但是，学校很少会关注学生的心理健康，他们只要求学生按时上课、服从管教。在学校看来，学生每天最重要的事就是学习。

作为人们梦寐以求的最高学府，大学一直是令人向往的，但是从教育方式上来说，它与小学和初中的基础教育其实没有本质的区别，学生还是被动地吸收知识，只是课程没有小学和初中那么密集而已。

从生理上来说，进入大学的孩子已经年满18岁，接受了成人礼，可他们依然被当作孩子一样来教育，受制于各种条条框框：被成绩捆绑，要获得父母的允许才能抽烟、谈恋爱，等等。

一旦这些孩子大学毕业了，就要立即踏入社会，作为一名成年人去选择一个赖以生存的职业，用学校里学到的专业知识去为社会做贡献。可是他们真的可以胜任吗？他们辛苦拿到了学位，就表示他们真的具备了相应的专业能力吗？比如，法律专业的学生毕业后，就可以立刻上法庭辩护吗？

社会似乎对应届生缺乏信心，即使大学生们勤勤恳恳地学习，拿到了各种各样的证书，但是并不代表他们就成了合格的人才。他们还需要实践的打磨，比如医学院的学生毕业后需要几年的实习，法律专业的学生毕业后需要从助理做起，工程专业的学生毕业后则需要进入相应的工厂实习。只有经过社会实践的磨炼，毕业生才会逐渐成长为合格的人才。

为了得到一个令人满意的工作机会，应届生还需要四处寻求帮助，克服各种障碍。这也是各国普遍存在的现象。当教育脱离了现实，除了一纸文凭，大学生还拥有什么？这个问题，显然还没有得到有关方面的重视。

当然，社会的教育理念是一直在进步的。在我年轻的时候，

0—6岁婴幼儿的教育根本没有提上日程，但是随着社会的发展，3岁的孩子也可以接受学前教育了。大学作为最高学府，一直受到人们的追捧和推崇，但是也有越来越多的人和我一样，坚定地认为基础阶段的教育更为重要，人们应该把更多的注意力放在0—6岁这个阶段。

0—6岁是人类形成智慧的时期，也是心理定型时期，这个阶段的人格发展为成年以后的人格奠定了基调，而这也引起了人们对生命潜能的关注。通过对两岁以内的婴幼儿进行长期的观察和研究后，人们发现，这个阶段的婴幼儿蕴藏着很多人类目前所未知的能量。

相对于动物而言，人类的婴儿时期显得格外长，如此漫长的婴儿期究竟有什么意义呢？

众所周知，各种小动物出生后就会如同成年个体一样发声，例如猫咪一出生就会"喵喵"叫，小鸟一出生就能像大鸟一样"叽叽喳喳"地奏响大自然的乐曲，小牛犊一出生也会像大牛一样"哞哞"地发出声音。

可是人类的婴儿呢？婴儿出生后不会像成人一样说话，只能通过哭喊来表达自己的需求，他们什么都不会，没有任何知识和记忆。但是仅仅一年以后，却发生了翻天覆地的变化——婴儿开始咿呀学语，也学会了站立、爬行等其他的事情。这个过程被我们称为创造的过程，从无到有，积少成多，从一无所知到迅速掌握各种新技能。这是一个非常重要的过程，我们也在认识这个过程的路途中慢慢摸索。

　　支持婴儿完成这一转变的就是他们的大脑。一颗与成人有着巨大差异的大脑，让婴儿拥有了更多的创造力。例如，婴儿不但自己学会了说话，在这个过程中还促进了自身发音器官的发育。他们的身体不断发育完全，是为其他智力方面的发展做准备，只是这些都是婴儿在无意识中进行的。**由于生理的限制，婴儿无法像成人一样带有明确的意识去完成每一件事情，他们的很多行为都是顺势而为。正是婴儿这种无意识的行为，产生了巨大的创造力，也说明他们的大脑具有无穷潜力。**这种特征并非人类独有，其他生物包括那些低等的昆虫，也拥有这种天生的巨大潜力。

　　婴儿是怎么通过这些无意识的行为吸收到知识的呢？首先是好奇。周围环境中的新鲜事物吸引了他们的注意力，使他们产生了好奇，进而主动地去接触这些事物，在日复一日的互动中不断吸收知识。由此可以证明，婴儿是通过自己的天赋与环境融合来被动地吸收知识的。

　　但是这又产生了一个问题，婴儿是如何进行选择性的吸收和学习的呢？就以学习说话为例，周围环境中有人的声音、动物的声音、物体碰撞的声音，为什么婴儿只学会了人类的语言而非其他物种的声音呢？唯一的解释是人类的语言更能让婴儿产生共鸣，这种共鸣促使他们不自觉地吸收，在大脑内回放，然后模拟发出同样的声音。这就如同欣赏一场美妙的音乐会，听众会随着乐曲的起承转合而不自觉地打着节拍，并引起心灵的共鸣。婴儿对人类语言的共鸣也是如此，并且这种共鸣比我们听音乐时产生的共鸣要强烈多了。

婴儿对人类说话的声音产生共鸣时，从外表上是无法辨别的，因为他们的舌头、脸颊和喉部都没有动作。但是事实上，婴儿的每一个发声器官都在无形中受到了环境的影响，为学会说话默默地准备着。

我们将婴儿时期学会的语言称为母语，母语与入学后学习的其他语言相比是有显著差异的，就好像真牙与假牙一样，前者是天生的本能，后者是后天人为所赋予的。

在学说话的过程中，除了发音、词汇与句意，婴儿还学会了句子的结构，也就是我们常说的语法，对语意有着重要的影响。比如"一个玻璃杯放在桌子上"，这种主谓宾的结构决定了句子的意思，如果我们把句子结构改变为"上桌子放在一个玻璃杯"，人们就无法理解它的意思了。我们学习语言的时候，必须掌握语法。

掌握一门语言并进行表达实际上是一件非常复杂的事情，需要人们有记忆力和逻辑性，否则无法精准地表达自己的想法并让他人理解。这成人都非常难做到，而婴儿却做到了。仅仅靠与环境的互动，婴儿用具有巨大潜力的大脑掌握了一门复杂的语言，这种能力非常特殊。

成人和婴儿的学习状态究竟有哪些区别呢？

成人学习知识，更多的是接受和储存，将接收到的知识加工以后储存到大脑里，就好像水储存在容器里，二者并未融为一体。但是**婴儿在学习时，通过与环境的互动，让知识进入大脑并帮助大脑发育，从而建立了自己独特的精神世界。这种可以主动吸收知识的心理特征，被我们称为"有吸收力的心灵"。**

虽然我们无法直观地观察到婴儿的心理特征，但是他们这种心灵上的优势着实让人羡慕，甚至让我们忍不住幻想，如果成人也具有这种神奇的能力该有多好啊！如果我们能在日常的生活琐事中学会知识，让学习像呼吸一样自然简单，那该有多好啊！

想象我们生活在一个这样的星球：这里不需要教育机构和老师，人们也不用为了学习而忍受刻板的规矩，在吃饭、走路和玩耍中就能轻松掌握很多的知识。

看到这里，一定会有人认为我的想法太天真了。**但这就是婴儿的学习状态，他们毫无压力地学会了很多事情，而成人的学习都是有意识的，并且需要付出一定的代价。**

除了学习语言以外，学习动作也是婴儿成长过程中的重要内容。他们从不能翻身到能爬能走能跑，甚至于精细化的一些动作，都能逐一掌握。并且婴儿还能迅速掌握其他知识，例如生活习惯、文化传统、宗教信仰等，都通过环境与他们的大脑融为一体。

像语言学习一样，孩子学习动作也遵循了一定的规律，他们严格地按照特定的时间表掌握着动作要领。婴儿模仿成人的动作，也昭示着他们从无意识学习开始转为有意识学习。

　　3岁左右的孩子会执着地喜欢某一样玩具，这说明他们已经开始对周围环境产生意识了。而借助于以往的学习经验，孩子会对周遭事物进行一些有意识的研究，他们会开始有意识地去学习某些事物，并通过自己的行为来完善学习成果。

　　婴儿从出生后就踏上了一段神奇的旅程，他们在这个过程中不断吸收，慢慢地建立起自己的独立人格和精神力量。到了6岁，他们拥有了强大的语言理解能力，这时候就可以进入学校，倾听教师的教诲了。

　　这本书主要讨论的是人类成长的第一阶段，即0—6岁的学龄前阶段。对这个阶段的研究，让我们发现了孩子独特的精神世界，也让我们得到了一个启发——不应该通过盲目的教育去影响孩子的天赋发展，而是应该帮助孩子将这种潜能发挥到极致。**我们要正视孩子的天赋，理解他们的需求，呵护他们的成长，给予积极的引导。**

　　很明显，这一对于婴儿的发现是颠覆大家以往认知的，势必会引发一场教育界的大变革。此后，大家会清晰地认识到，对比其他阶段，第一阶段对于人格的形成到底有多重要！

　　当孩子处于人生第一阶段时，成人应该如何帮助他们呢？孩子那么脆弱无助，在成长的过程中会遇到许多阻碍，而不正确的教育方法会削弱他们的创造力。这一切要求成人学习并掌握科学的教育方法，从而呵护孩子脆弱的天然创造力，扫清他们天赋发展中的障碍，帮助他们将创造力发挥到极致。**而且由于孩子吸收知识的特殊性，我们无法通过语言指导和直接介入来给予他们帮助，而必须通过对他们心灵的影响来提供潜移默化的帮助。**

成长的意义

　　随着年龄的增长，孩子
会变得越来越睿智，越来越
有力量，而这些智慧和力量
都是通过他们自身的工作和
生活获得的。

　　随着时间的发展推移，现代生物学的研究对象也在逐渐演变。以前我们的研究对象主要是成年个体，无论是对人类、动物或者植物的研究，我们研究的样本都是从成年个体中进行筛选的。而现在，科学家们渐渐将目光聚焦到幼年个体上，甚至更早乃至生命的起源。不仅仅是针对人，还有其他生命形态的研究也是如此。最先发展起来的胚胎学和细胞生态学（研究细胞的生命）恰好证明了这个发展方向。

　　而作为成年个体研究起点的胚胎学，它与我们生命的成年阶段区别非常大，这也促使人们加快了对生命早期阶段的研究步伐，为我们对孩子的研究拉开了序幕。

　　成人的生命轨迹是朝下，逐步走向死亡；**而孩子的生命轨迹是向上，慢慢走向辉煌。**可以说，**孩子正处于打造完整人格的重要阶段，我们要做的就是帮助他们成为一个真正的人。**等到孩子长大成人之后，他们就不再是原来的孩子了，而是一个成年的个体。由此可以推论出，**孩子在其生命所处的阶段是积极向上的，愿意探索并逐步完善自我，他们在这个阶段中感受到的是快乐和幸福；**而步入成人期以后则会面临很多的压力和未知，日常生活变得很压抑。

站在孩子的立场上，生活是对自我的一种延伸或扩大。随着年龄的增长，孩子会变得越来越睿智，越来越有力量，而这些智慧和力量都是通过他们自身的工作和生活获得的。

根据生物学观点中的物种起源理论，父亲和母亲的精子和卵子结合以后生成受精卵，之后在母亲的子宫内孕育成长直至出生，一个新的生命就此诞生。由此可见，从生命的起源到孩子后期的成长，都与成人有着紧密的联系。

孩子的出生及成长连接了两代人，既延续了前一代成人的生命，又见证了自己生命的终结。这都是生命必经的过程，我们通过对这一过程的研究，得到了很多灵感。

作为成人，应该如何帮助孩子呢？父母究竟扮演的是哪种角色呢？孩子是因为父母的爱而诞生的，一旦出生，理应得到父母的悉心照料；父母是孩子和外界环境的第一道防线，有责任为孩子遮风挡雨，使其免受侵害。

父母对孩子的爱，是人类的一种本能，无须原因和理由，更无法伪装。**毫无疑问这是一种伟大的爱，父母愿意为孩子倾其所有，竭尽全力地为孩子付出，甚至是牺牲自己。这种与生俱来的爱毫无缘由，几乎所有的父母都是这样。**

对于父母而言，为孩子付出和奉献一生，能带来幸福感。从来没有人会说："倒霉催的，我竟然有两个孩子！"拥有孩子的父母不仅不觉得麻烦，反而觉得自己很幸运。这种血脉亲情唤醒了父母的天性，即使再辛苦、再累，他们也会觉得快乐。如果一个家庭因为贫穷而缺衣少食，但是父母都会把最后一口吃的留给孩子，即便自己节衣缩食也会让孩子吃饱穿暖，这种无私奉献的精神在其他关系中很难见到。一个努力赚钱的商人永远不会对自己的竞争对手手下留情，也绝不会说："来，把我的利益都分给你，我不要了。"这么一对比，也说明了成人个体会因为身份的差异而拥有两种完全不同的心态：一种是作为父母的奉献心态，另一种则是作为社会成员的心态。其中**作为父母的奉献心态，代表了人性美好的一面。**

这种心态差异并不是人类所独有的，在动物中也普遍存在着。无论多凶猛、危险的动物，面对自己的幼崽时，都会非常温情，比如老虎、狮子会温和地对待自己的幼崽；相反地，无论多么温顺的动物，当幼崽遇到危险时，也会表现得异常凶猛，和平常完全不一样。比如鸟妈妈为了保护即将孵出的小鸟，明知有危险都会坚持一动不动地待在鸟巢中，用自己的翅膀掩护鸟蛋，而不是弃蛋逃跑。

通过对动物进行的大量研究，我们可以得出这样的结论：动物具有两种不同的本能，一种是保护自己的本能，另一种则是保护幼崽的本能。法布尔在他的著作中曾经说过，每一种生物都应当感谢母爱为它们的生存提供的保护。成年个体对幼崽的爱，是生命得以延续的主要原因之一。

研究了不同类型的生命之后，我们慢慢地就会发现，无论是自我保护还是保护幼崽，都是非常有必要的。从社会角度来考虑，我们想要有效地研究人类的行为，就必须从孩子开始，因为对孩子的研究结果会直接影响到成人的行为。

生命的奇迹

孩子具有强大的创造潜力，他们可以借助于周围环境中的事物，不断地吸收、学习、完善自我，逐渐适应自己生活的社会。

　　一个手无缚鸡之力的婴儿是如何从无到有，逐渐成长为一个有独立思想和能力的成人的呢？这个问题不只是你我，很多研究界的哲学家也为之迷惑。生命成长的过程中充满了太多的未知，比如身体中那些复杂而神奇的器官是怎么形成的？眼睛、舌头、大脑以及身体里所有细小的部分是由什么组成的？

　　早在18世纪初，很多科学家都认为，细胞里有一个无法用肉眼看到的小人儿，这个小人儿一开始小到我们无法用肉眼看见，后来慢慢地长大成人。但是随着显微镜的发明，人们推翻了这一说法。

　　一个名叫伍尔夫的药师通过显微镜对鸡的受精卵进行研究，想看看受精卵（鸡蛋）里的小鸡是如何慢慢长大的。出乎他意料的是，鸡蛋里一开始并没有小鸡，小鸡是逐渐形成的。受精卵里最初只是一个生殖细胞，随着这个生殖细胞不断分裂，一分二，二分四，四分八……慢慢地，一个具有各种器官的小鸡就形成了。

　　然而，伍尔夫的观点引起了很多人的反对。各种批评的声音朝伍尔夫涌来，伍尔夫不得不逃亡到其他国家，最终客死异乡。

有了这一前车之鉴，在随后的50年里，无论显微镜的应用多么广泛，都没有人再去用显微镜研究生命起源的秘密了。

一直到后来，科学家贝尔重复了伍尔夫的实验，再次用显微镜观察了生命的成长过程。最终贝尔肯定了伍尔夫的结论，指出是细胞不断的分裂最终发育成为胚胎。幸运的是，这一次人们接受了这个观点，胚胎学也随之诞生。

毫无疑问，从生命起源与发展的角度而言，胚胎学是非常神奇的，它并非像解剖学那样研究已经成型的各种器官，而是研究生命从无到有的整个过程。

任何生物，无论低等还是高等，都是从一个毫不起眼的细胞发展而来的。从这个层面上来讲，任何动物，包括人，都是没有差别的。

无论你曾经在历史上占据什么样的地位，无论你是亚历山大、拿破仑，还是但丁、莎士比亚，或者你只是一个再平凡不过的普通人，都是起源于一个简单、微小的生殖细胞。

通过高倍显微镜可以观察到，生殖细胞是由一定数量的血球体组成的，由于其容易被化学物质染色的特质，被人们称为"染色体"。人们认为，染色体是遗传特征的载体，每条染色体都像装着一条链子的小盒子，每条链子上包含着100个小颗粒，也就是遗传基因。遗传基因承载着特定的遗传信息，如鼻子的形状、头发的颜色等。

早在人类凭肉眼可以看到生殖细胞发生的变化之前，基因就已经进行了有序排列。基因排序的规律是优胜劣汰，只有在竞争中取胜的基因才能获得显性遗传的优势；而竞争失败的基因则作为隐形特征，无法发挥作用，并不会显示出来。显性基因和隐形基因在遗传时的组合非常复杂，即使是在相同的条件下，由于不同基因拥有的遗传优势不一样，产生的个体也会有不同的特点。

正是由于基因组合的千变万化，让我们每个人都成了与众不同的个体，即使是同一对父母生出的两个孩子，拥有的特性都会有差别，这种差别体现在人的外貌、智力和其他各个方面。

那么在什么条件下，优良基因更容易获得遗传呢？人们开始对此进行了研究，从而产生了一门新的科学——优生学。

生物个体的成长过程其实就是细胞分裂的过程，从一个受精卵开始，不断地进行有丝分裂，一分二，二分四，四分八，八分十六……在这之后，完成分裂的细胞被分为三层，这三层的界限十分分明，我们根据其方位进行了命名，最里面的一层为内胚层；中间的一层为中胚层；最外面的一层为外胚层。随着发育，这三层最终会成为生物不同的器官和系统：内胚层会发育成生物体的各种器官，如肠、胃、消化腺、胰腺、肺等，负责为生物提供各种营养物质；中胚层会发育成骨骼、运动系统、循环系统和排泄系统等；最外面的外胚层最终会发育成皮肤表层、感觉系统和神经系统，与外界环境直接接触，皮肤保护生物个体免受外界的伤害，同时感觉系统和神经系统与外界进行联系。

这些细胞，不管最终发育成何种器官和系统，它们一开始是没有任何差异的，只是随着不断的发育，才呈现出巨大的差异。下面举几个例子说明一下：最终发育成肝脏的细胞会呈六边形，且细胞之间紧密相连，就像铺路的石板一样；骨骼细胞数量少且呈椭圆形，相互之间有一定的距离，并通过细小的线状组织相连；神经细胞则拥有较长的卷须，用来传递神经指令，好像连接信号的电缆线一样。

由此可见，这些细胞是非常神奇的，无论最初多么相似，最终都会发育成拥有自身器官使命的独特形态，而且这些形态不会再改变，比如六边形的肝脏细胞并不会演变为有卷须的神经细胞。

每个器官都是为一个目标发育而形成的。每个器官由特定的细胞组成，具有一定的功能，并且有别于其他器官。对于人体的健康来说，每个器官都是不可或缺的部分。随着胚胎的发育，还会为各个器官之间建立联系，即循环系统和神经系统。

循环系统是非常重要的，它能帮助个体将通过呼吸得到的氧气、通过消化系统得到的营养、通过内分泌器官分泌的荷尔蒙运送到人体的各项组织细胞之中，并将细胞新陈代谢产生的废弃物运送到排泄器官，从而排出体外。循环系统好比一条母亲河，蜿蜒经过人体的每个器官，"母亲河"提供给器官生存所需要的物资，并将产生的废弃物顺势带走。

而作为负责传递大脑各种指令的神经系统，和循环系统一样重要。大脑作为人体的"控制中心"，发出的每一项指令都由神经系统传送到身体的各个部分进行执行。

人类生命的产生和进化本身就是一个奇迹，而生命从胚胎发育到成熟的个体，更是令人震惊。在自然界中，无论是高等动物，比如人，或是其他脊椎动物，都拥有各种复杂的器官，并且这些器官联系在一起，从而构成生物个体。而这些即使目前最先进的技术都难以匹敌的系统和器官，发展初期竟然只是简单的生殖细胞，这就让我们不得不感叹造物主的神奇和伟大！

和生理的发展一样，人类心理的发展也是有迹可循的，从一开始的懵懂到后期的成熟，慢慢地发展出各类"心理器官"，形成独立的人格。

如同人类最初的生殖细胞里没有小人儿一样，新生儿没有成型的心理，最初只是一堆细胞或者物质的堆叠。从一开始未成型的心理到后期形成的稳定的个性，这个发展过程就是由我们一直强调的"有吸收力的心灵"来完成的。

新生儿会慢慢地拥有不同的感觉，如听觉、视觉、痛觉等，这些感觉的中心点会逐步形成各种"心理器官"。这个过程的精密和神奇程度，是我们用任何技术手段都无法重现的，并且我们通过观察研究会发现，"心理器官"在初期都是独立发展的，比如说，孩子的语言能力进行发展的同时，他判断空间距离和认知的能力在同步发展，身体的协调能力也在独立发展。**孩子不同的感觉能力各自活跃而灵敏，有自己的特点，可以帮助孩子完成一系列的动作，为孩子的成长提供巨大的能量。随着"心理器官"**

的形成，这种高度的敏感性会逐渐消失。当所有的"心理器官"都发育完全以后，就会整合为一个完整的心理组合，形成稳定的个性。

由此可见，**孩子具有强大的创造潜力，他们可以借助于周围环境中的事物，不断地吸收、学习、完善自我，逐渐适应自己生活的社会。**

大自然之所以能和谐发展，是所有生命共同努力的结果。各个物种各司其职，在满足自我发展需求的同时，不断促进大自然的和谐发展；而大自然的和谐发展，各个物种又可以从中各取所需，这样就形成了良性的循环。**人类在儿童时期的自我创造，除了完善自我、适应周围的环境以外，也为大自然的和谐发展贡献了自己的一分力量。**

生命的功能与意义

人类心理世界的发展和生理的发展一样，都是遵循某种规律的。这也就意味着只要我们能厘清思路找到规律，就能在研究的道路上找到新的方向。

　　前文讲到，胚胎是由生殖细胞逐步发展为复杂个体的。这一结论不适用于所有生物，我们目前发现，只有高级生物遵循了这个发展规律，一些低级生物并没有完全遵从这个规律，即使发展阶段一样，也会出现不能发育完全的情况。这种现象的成因是在某个阶段受到来自外界的干扰。比如团藻，它发展到球形之后，形态就不会再发生任何变化了，阻碍它发育的就是自身细胞膜上不停抖动的须状物质。就是这个须状物质，让团藻不停地转圈和移动。再比如腔肠动物，它们的发育过程和高级动物是一样的。发育初期腔肠动物会形成一个中空的腔体，随着腔体逐渐向内部弯曲，就会形成细胞。但与人类不一样的是，腔肠动物的细胞胚胎只有两层：内胚层和外胚层，没有中胚层。

　　对于大多数高级动物来说，形成三个胚层的细胞之后，其后胚胎的发展阶段都是差不多的。但是在这个阶段，我们是无法区分这些胚胎的。因此我们得出了一个结论——物种都是一级一级地演化而来的。

　　进化学揭示，人类是由猴子进化而来的；再往前推，我们的祖先其实是鱼，最开始是在大海里生活，随着环境的变化，慢慢地演变为可以在陆地和大海之间穿行的两栖动物；接着为了更好地在陆地上生存，变成了爬行动物；随着环境的不断变化，有了具有飞行能力的鸟类和可以跳跃的哺乳动物。这样追溯下去，直到单细胞动物——生物最简单的形式。

前面说到的物种胚胎的相似性恰好证明了这一点，在生命的起源上，所有动物都由同一个细胞发育进化而来。因为遗传的因素，每个胚胎都要经历祖先经历过的阶段，所以现存的高级动物或多或少地都带有祖先的影子。

实际上，生物个体的发展就是在不断重复胚胎的发展。生物学家达尔文由此提出了著名的生物进化学说，这也是目前公认的最权威的生物学说。但是随着研究的发展，一位名叫雨果·德弗里斯的科学家有了更多的发现，为我们拓宽了研究的思路。德弗里斯通过观察同一植株培育出来的不同品种，发现在没有任何外界干扰的情况下，植株会偶然出现一些特殊的形状，他将这种现象称为"突变"，由此创立了"突变论"。这告诉我们，不应该拘泥于现在的观察结果，还应该关注其他各种各样的可能性，继续探索新的理论来解释这种演变现象。

目前，我们主要还是依靠显微镜来观察胚胎，但是除了这种单一的方式，还可以从生物进化的角度来进行研究。

我们已经知道，胚胎的细胞可以不断地分裂发育，最终成为器官和系统，但是令人不解的是，为什么初始形态几乎相同的胚胎最终会演变成不同的物种呢？为什么有的成了人类，有的成了禽类，有的却成了哺乳动物呢？这些胚胎拥有相同的起点，却发展成不同的结局，形成不同的身体形态。从这个角度来思考，是不是环境影响了胚胎的发育呢？

或许我们可以通过一个生活中的例子来解释这个现象。当我们开始进行一个新的建筑工程时，会提前准备好建筑材料，但这些材料的最终用途是不可知的，需要根据施工过程中建筑物的形态来决定，其中有一些会成为建筑物的外墙，有一些会成为建筑物的顶端。胚胎的发育过程就和建筑施工一样，目标的差异决定了物种的差异。

事实上，我们在胚胎学的研究过程中，并没有推理出事情的本质，却从中找到了一个新的研究方向。同时，我们成功地将胚胎学的研究应用到了社会发展之中。

其实，外部环境是可以影响胚胎的演变的，也就是说，除了依靠胚胎自身的演变，我们还可以通过人为的干预来改变胚胎的发展趋势。我们在这个领域的研究已经取得了一些成果——通过对蔬菜和动物的基因进行重新排列组合，产生了新的种类。这意味着这个新的领域告别了单纯的理论研究，跨向了实际应用。

在胚胎还没有长成各种器官之前，人类可以对其施加影响，达到改变其成长方向的目的。现在的技术条件也完全支持这种研究方向。比如，我们可以通过这种早期的改造，让农作物长出更多果实，可以让它的茎秆不再有伤人的刺，甚至可以减少植物的毒性。将这种方法应用到动物方面，我们培养出了没有蜂针的蜜蜂，并且提高了它们的采蜜效率。当然，这种改造应用最广的要数花卉的培育了，我们已经拥有了很多新品种的花卉。

不只是陆地上的动植物，我们也开始对海洋生物进行实验改造。感谢人类的智慧，让我们的研究不断向前推进。条件允许的话，我们可以研究地球上的所有生物，并对其胚胎进行改造，让它们都朝着我们人类期待的理想型发展。可见，人类已经成为改变这个世界的主导力量。

目前人类可以改造基因排列，从而创造出新的物种。随着研究的深入，我们在对人类心理世界的研究上也必然可以更上一层楼。

前文说过，**人类心理世界的发展和生理的发展一样，都是遵循某种规律的。这也就意味着只要我们能厘清思路找到规律，就能在研究的道路上找到新的方向。**人类无论是生理发育还是心理发育，都是从空白逐步走向多姿多彩。一开始，婴幼儿并不具备固定的个性，就好像原始的单细胞一样。单细胞会随着发育而逐步产生变化，人类的心理也是如此。

我们暂时无法了解人类心理发展过程的全貌，只能从孩子个性的转变中来窥知一二。正如我一直强调的，孩子具有从环境中吸收知识的能力，正是这种"有吸收力的心灵"促进了心理的发展和稳定。

但是人的感觉能力不是心理本身产生的，而是依附于"有吸收力的心灵"的感觉器官。每个感觉器官都独立发展的，比如我们的语言能力、理解能力、判断能力和协调能力都是独立地发展着，这些能力促使人类完成各种不同的动作。不过，这些感知能力并不存在于整个心理发展的过程中，当心理器官形成之后，它们就消失了；当所有的感觉器官都长成了，它们就会形成一个完整的心理组合，人就有了独立的人格。

上一章提及的科学家德弗里斯，从昆虫的观察中得到了灵感。他通过观察昆虫从出生开始到成长过程中的所有表象，发现了感觉器官对于昆虫存活的重要性。考虑到理论通用的特性，他又提出将这种实验结果的有效性应用到其他生物上，使得结论在学术界中被广泛地讨论。最后，美国心理学家约翰·华生在思想碰撞的混乱局面中开辟了新的道路，他主张抛开无法验证的东西，在客观的基础上对生物的外部行为进行研究。

华生把研究目标转向了生物可见的外部行为：一开始，他对动物的可见行为进行研究，作为对生命研究的基础阶段；接着，他开始研究人类的行为，通过一段时间的观察，他认为初生儿如同白纸，并没有什么行为。因此，华生认为，孩子是没有所谓的本能和个性上的遗传的；他还认为人的行为受到环境的影响，并且顺势提出了著名的"行为主义"的心理理论。

华生的理论受到了美国本土心理学家的大力推崇，却并未得到其他国家学者的认同，他们觉得这个理论过于浅显，不具备学术价值。

尽管如此，美国的两位学者克拉克·赫尔和格塞尔，都对

"行为主义"理论非常感兴趣，他们继续华生的实验并加大了研究力度。这两个人的研究方向并不一样，克拉克·赫尔主张继续探索人类的行为，并将自己的研究结果与胚胎学结合；格塞尔则主张研究孩子的心理发展，创立了心理学实验室，还做过一个著名的双生子爬梯实验，引起了全世界的关注。

克拉克·赫尔的研究过程非常耗时耗力，他通过长期的观察研究，直到1929年才公开发表自己的实验结论。赫尔的实验观察对象非常单一，他没有选择太多的物种作为研究对象，而是对某一种动物进行了完整的生命周期——从胚胎到完全发育过程的研究。

赫尔的实验结论与当时的主流思想截然不同。为了保证验结果的可信性，他重复进行了很多次实验，最后的结果都一样：大脑的神经中枢比执行指令的器官发育得早。他对此做出了解释：通过观察得知，在视觉器官发育之前，视觉中枢就出现了。而此前根深蒂固的生物学观点主张，先出现了器官，然后才出现了神经中枢。

为什么视觉中枢的出现要早于眼睛，甚至早于控制眼睛信息传递的神经呢？

克拉克·赫尔的实验结论有力地推动了人们研究动物行为的进度。不仅如此，赫尔还提出了一个出人意料的观点，即如果器官的发展早于神经中枢，那么一定是适应环境的结果。由这个观点进而得知，生物的行为是可以遗传的，但也更容易受到生存环境的影响。

我们在日常生活中就可以看到这样的例子，比如吸食花蜜的昆虫，它们的嘴巴长着长长的像吸管一样，可以很方便地吸食花蜜的部分。这就是受到生存环境的影响。不仅如此，为了保障自己的生活环境，昆虫的身体还长出了一种表皮，这种表皮对昆虫本身没什么太大的作用，但是可以为花朵提供养分，有利于帮助昆虫同时保障食物的持续性。

还有一种食蚁动物，它们的嘴特别小。由于蚂蚁个头小、易躲藏，这种食蚁动物为了进食，长了特别长的舌头，同时舌头还能分泌出黏液，这样就能非常方便地粘食蚂蚁了。

上述这些动物之所以会形成特别的器官，是为了满足其进食的本能，即使这些器官并没有抵御外敌的作用。当我们了解了这些器官存在的意义以后，会产生更多好奇：比如为什么每种动物的行为方式都不同呢？有些动物只会跳，有些动物只会爬，还有一些动物只能借助于其他物体进行攀爬。而且有的动物以花为食，有的动物只吃腐肉，还有的动物以植物为食，这又是为什么呢？世界上的物种千千万万，却没有完全一模一样的两个物种。每一个物种都有着与其他物种不一样的行为模式。而在心性上面，动物之间也是千差万别。有的动物生性残暴，有的动物生性温柔。或许，所有动物出现在这个世界上并不仅仅为了生存或从周围的环境中获益，也不是为了不断地强化自己。

那么，生命存在的意义究竟是什么呢？我们或许能从生活的环境中得到答案。

大自然和谐是无数生命共同努力的结果，每一种生命都有着特定的分工。这就是说，生物行为的意义不只是满足自身的需要，更多的应该着眼于对整个世界的贡献。

如果是这样的话，我们是否应该摒弃立足于科学界那么长时间的进化理论呢？当然不是。这只是表明进化论得到了一定的发展。我们不能停留于旧有的"生物会逐步进化、永臻完善"的层面，而应当拓宽视野，将研究延伸到各个边缘领域。这些领域的关系或远或近，囊括了各种不同形态的生命活动。而且这些领域之间的关系并不是简单的互助，而是为了达到整个世界的统一。当整个世界形成了某种统一之后，所有的生物也就都能够获得自己生存所需要的元素。

19世纪，与达尔文同时代的一位地理学家认为，生命的功能同地球的环境有某种关联。随后，其他的研究人员也证明了地理环境对动物行为具有一定的影响，其中最出名的著作就是20世纪初德国地理学家弗里德里希·拉采尔的《人类地理学》。

无论是在喜马拉雅山还是在阿尔卑斯山，我们都曾发现过海洋生物的遗骨，这令我们震惊。我们有理由相信，在沧海变桑田的过程中，我们所发现的这些生物也贡献了它们的力量。纵观世界海底遗迹，曾经的珊瑚经过几万年的生长繁殖和死亡，最终形成了美丽的珊瑚礁，很多遗迹都是不知名物种对地球的大回馈。由此可见，地球之所以形成现在的地形、地貌，除了风和水的作用以外，其他生物也功不可没。

　　生物对地球的影响，还有许许多多的例子可以佐证。意大利地质学家和古生物学家安东尼奥·斯托帕尼曾经说过："动物不只是简单地生存在这个世界上，它们有自己的使命，是维护世界和谐的军队。"他还通过自己的实验，向世人展示了生物是如何影响地表形态的，免去了我们无法证明这一观点的后顾之忧。

　　我们现在已经没有必要谈某个或者某部分的观察结果了，因为一门新的学科出现了——"生态学"。通过生态学，我们可以深入地研究生物之间的关系，进而了解一个物种对另一个物种行为的影响。并且生态学还有很强的实用性，我们可以借助它解决很多实际问题。比如，为了解决某一物种在某地过分繁殖的问题，我们可以参照生态学的原理，引进一种与它相克的物种，从而使得生态环境保持平衡。澳大利亚就出现过这样的例子。

　　在现代科学中，实用性是最有意义的。进化不再是理论上所谓的生物的发育，而是由生物在特定的环境中通过某些行为来完成的。了解了这一点，我们就向真理又迈进了一步。从这个角度来说，生物对于整个环境具有决定性的作用。生命的存在不仅仅是为了保证物种的延续，而且是对整个地球担负着一定的责任。

　　这些科学研究的各项成果都促使我们加深了对生命的了解，并从中受到启发。我们也可以运用这些实际的方法来进行教育变革。

　　前文说过，每种生物都在大自然中有着特定的分工，这不禁让我们思考，孩子在大自然中充当了什么角色呢？如果不能回答这个问题，我们就无法对孩子实施科学的教育。

其实，**孩子的生存意义有两个：其一是不断地完善自我；其二是效劳于我们生存的这个世界**。可以说，孩子担负的责任是双重的。如果我们只考虑其中的一种，孩子可能就无法完全发挥出他们原本具有的巨大潜力，那么这样的教育就注定是不科学的。

我们已经讨论过，**孩子具有"有吸收力的心灵"，会从环境中吸收能量，发挥自己与生俱来的创造力**。孩子刚出生的时候宛如一张白纸，无论精神上还是物质上都一无所有。但是他们拥有巨大的发展潜能，会随着时间的推移，将潜能充分地发挥出来。

当然，这个理论并不太容易被人们接受。就像伍尔夫提出了"生物体由其本身构建"的观点，他向世人展示了生物体的成长过程，这颠覆了和他同时代人们的认知，因此一时间无法得到世人的认同。

我们发现，**孩子能够依靠自己的精神力量，独立获取知识、不断成长，而不是向父母索取，也不是向周围任何一个人索取。**这个事实多么让人震惊啊！

孩子的成长过程也不会受到地域、民族或者国家经济条件的限制，他们总能通过环境让自己成长。这都是因为学习和吸收力的本能，这种本能是每个人都有的。这也就意味着从婴儿诞生开始，他们的第一要务就是运用自己与生俱来的本能了解周围的环境，而非学习知识。这个世界每时每刻都在改变，了解生存环境非常重要。

　　孩子通过对环境的感知，可以运用自己与生俱来的能力，非常轻松地获取知识。而在学习和成长的过程中，孩子也塑造出了自己的性格。

　　在当前社会中，人们的学习能力是会受到生活环境影响的，那么以前生活在原始部落的人呢？他们也会受到环境的影响吗？为了找到这个答案，人们开始研究那些现世尚存的原始部落。

　　美国人类学家鲁思·本尼迪克特曾经研究过印第安部落的文化，并将其写成了著作——《文化模式》。书中是这样写的：有一批法国传教士曾经深入巴塔哥尼亚，在那里发现了一个地球上现存的最古老的原始部落。这个部落至今还在使用石器！由于这群传教士的突然出现，原始部落的人们备受惊吓，纷纷四散而逃，他们在匆忙逃亡的过程中留下了一个刚出生的女婴。这个女婴后来被传教士带回了法国。小女孩现在已经长大了，就读于一所大学的生物系专业，她会两种欧洲语言，生活习惯也和典型的欧洲人没什么两样，她甚至有着和当地人相同的宗教信仰。短短十几年的时间，女婴就从石器时代跨入了现代文明时代。

　　由此我们也可以知道，环境对孩子的成长是有很大影响的，他们会非常自然地通过环境去吸收很多知识。

　　对外界进行学习和吸收，是孩子非常重要的特征之一。这种天赋也说明了生物模仿是再自然不过的事情。我们经常会看到相同的现象，比如，北极熊有和冰雪一样的白色绒毛；蝴蝶的翅膀上带有花纹，就像花朵一样；还有水中生活的鱼，其扁平的外形是为了应对水的阻力、减少行动中的受力面，等等。这些都说明：**模仿，包括向周围环境中的事物学习是一种保护现象**。这种特性与遗传无关，与生物的后天成长也无关，是生物的一种本能。

是否所有物种都具备这种特性呢？其实不然，有些生物具有这种特性，有些生物对周围的环境是无动于衷的。不管怎么说，所有例证都对我们了解孩子的心理发展有一定的帮助。

新生儿的
精神活动

发生在动物身上的现象也适用于人类。新生儿通过自己的活动，唤醒了潜在的本能，并为创造性工作提供了很多帮助。精神胚胎就是在这一时期开始觉醒的。

　　新生儿必须经历心理的形成阶段，才能获得精神上的成长。与在子宫中的生活不同，新生儿在这一阶段经历的活动都极富创造性，因此，从某种意义上来说，我们也可以将新生儿称为"精神胚胎"。

　　恐龙灭绝以后，自然界中又出现了哺乳动物和鸟类，由此带来了新的气象。哺乳动物和鸟类的身上不仅继承了原有物种的特点，还展现了很多新的特征。比如，鸟类会筑巢，保护鸟蛋或幼鸟；与此相反的是，爬行动物常常将自己产下的蛋丢弃在一边。而比鸟类进化得更为完善的哺乳动物，其保护新生儿的本能也更强烈，它们会用自己的身体来孕育幼崽。

　　人类则比其他哺乳动物更进一步，其中最显著的新特征就是拥有两个胚胎期：一个是出生之前的生理胚胎；另一个是出生之后的精神胚胎。这也是人与其他动物的根本区别。

　　我们可以将新生儿当作生命的里程碑，他们在出生的那一刻就完成了生命质的飞跃。同时，我们有必要对人类的精神胚胎进行深入的科学研究，并将其作为孩子的发展和人类心理研究的起点。

　　如果人类的劳动与精神、创造性智慧密不可分，那么精神和智慧必定会成为人类生存的支点。以这个支点为基础展开各项工作，人类也将获得繁荣与发展。

　　我们在生活中都会有这样的经验，那就是精神或心理上的失控会极大地影响日常行为以及生理健康。如果说人类的天性是由心理控制的，人类的所有行为不过是心理的外在体现，那么我们就应该更加重视新生儿的心理世界，而不是将注意力更多地放在孩子的身体健康上。

　　新生儿来到这个世界上以后，会观察成人并学习他们的行为，还会根据周围的环境来塑造自己的性格。**孩子的心理状态与成人完全不一样，他们与周围环境的关系也不同于成人与周围环境的关系。**

　　成人会记住周围环境中的事物并加以思考，孩子则会对周围环境中的事物进行吸收，他们不仅能记住周围的事物，还能将这些事物转化为自己心灵或个性的一部分。不管是从周围环境中看到的还是听到的事物，都会影响孩子性格的发展。生物学家帕西·纳恩将孩子的这种无意识的且具有吸收力的记忆类型称为"记忆基质"。

　　我们以语言学习来举例说明。其实孩子掌握语言的方式和成人不同，孩子在学习语言时，并没有"记住"如何发音，而是形成了发音的能力，并且随着不断的训练将这种能力充分地发挥了出来。当孩子学会了说话之后，他们遵循的语言规则和特殊用法并不是通过学习或记忆得来的。语言作为生活的一部分，是被孩子在无意识的状态下"吸收"的。

综上所述，孩子具有一种特殊的敏感性，可以帮助他们自主地吸收周围环境中的知识。**孩子的观察能力和吸收能力会帮助他们适应周围的环境。**这些过程都是孩子在无意识状态下完成的。

孩子的成长阶段就是一个不停"适应"的过程。当然，这里所说的"适应"与成人的适应行为是不同的，我们需要加以区别。孩子拥有的特殊适应能力会帮助他们将环境改造成自己想要生活的环境，就如同孩子会将出生以后最初从环境中吸收的语言变成他们的母语。如果一个成人去国外生活，可能永远无法做到像孩子那样彻底地融入陌生的环境之中。想想那些四处游历的传教士，他们从自己的祖国去往陌生的国度，会说："独在异乡为异客，身处国外常常感到很凄凉。"**与孩子的适应力相比，成人对新环境的适应能力是非常有限的。**

然而，孩子对自己生活的地方怀抱着天然的情感，不论这个地方的生活多么艰难，也不论自然环境是否恶劣，他们都会发自内心地感到愉悦。**每个人都会适应和喜爱生他、养他的环境，这种喜爱就是在孩童时期形成的，长大成人后，这种喜爱也会延续下去。去到其他任何地方，都找不到这种平和与愉悦。**

以前，生活在意大利乡村的人们可能一辈子也没有机会踏出自己的出生地。后来随着时间的推移和国家的发展，有的人出于工作或结婚等原因，陆陆续续地离开了家乡。然而到了晚年，这些离乡背井的人中有很大一部分都患上了怪病，出现了面色苍白、身体虚弱、贫血、精神压抑等症状。他们尝试了很多治疗方法，都成效不佳。最后，医生只得建议他们返回自己的老家，呼吸一下家乡的新鲜空气。一部分人遵从医嘱，返回了家乡。没想到的是，他们身上的症状真的缓解了，最终恢复了健康。

对此，有人给出的解释是，尽管家乡的空气可能并非那么清新，但对于那些从小生活在那里的人而言，家乡的空气就是最好的药。

实际上，这些病人之所以回到家乡后就恢复了健康，是因为他们内心深处找回了儿时熟悉的平和与安宁。

一个人在孩童时期的吸收能力可谓举足轻重，它能促进个人的成长，帮助人们更好地适应外部的自然环境与社会环境。

没有人天生就能适应某个地方的习俗，我们通过研究孩子这种特殊的吸收能力，不难得知孩子是如何吸收出生地的风土人情，成为"当地人"的。由此，我们对孩子的行为也有了更全面的了解。

印度人非常敬重生命，包括对小动物也是如此。这种对生命的敬畏感在其他国家的成人身上却不易发掘，即使我们运用各种方法引导其他国家的成人要"尊重生命"，他们也不可能像印度人那样对生命拥有如此虔诚的感情。

毫无疑问，"尊重生命"是一种优秀的品德，印度人的这种传承是正确的。但是对其他地方人而言，这不过是一种生活观点，并不能引起情感上的强烈共鸣，比如，欧洲人永远无法理解印度人对牛的情感。

印度人对动物的感情是根深蒂固的。他们的这种心理表现看起来好像来自基因的遗传，但事实上是他们在孩童时期从周围环境中吸收获得的。

我曾经在儿童之家看到过一个有趣的例子：一个大约两岁的印度小男孩蹲在花园旁边，好像用手指在地上比画着什么。我出于好奇走了过去，想看看他究竟在做什么。顺着小男孩的视线，我发现地上有一只蚂蚁，不过它缺了两条腿，爬行得十分艰难。这时我才知道，原来小男孩是在用手指画线帮助蚂蚁前行啊。

或许有人以为，小男孩是受到遗传的影响，出于天性中对动物的喜爱才这样做的。

面对同样一件事情，拥有不同宗教信仰和不同社会习俗的孩子会采取不同的做法，有的孩子会毫不在意地走开，有的孩子可能会踩死这只蚂蚁。对于孩子们的不同做法，那些对生命没有敬畏感且觉得动物比人类低等的人可能会原谅他们的行为，但那些印度孩子可能会难以接受。

一个人形成各种情感的基础就是社会习俗和道德习惯。拥有了特殊的情感，我们才会成为典型的印度人、意大利人或是英国人。在情感的形成过程中，"记忆基质"起到了关键性的作用。就像非洲有些部落的人善于应对猛兽，而有些部落的人会常常训练自己的听觉以逃避猛兽，这些心理倾向都受到了"记忆基质"

的影响。

孩子通过"记忆基质"吸收获得的表达自我的内容，会留存在头脑中，最终构成稳定的个性。也就是说，我们在孩童时期吸收的东西，会永久地烙印在灵魂深处。孩童时期形成的个性可能会因为某种原因在一段时间之后不再表现出来，但并不代表这些留在潜意识里的东西消失了，相反，它们会一直留在人的潜意识里。

任何想改变无意识状态的成人个性的努力都是徒劳的。当嘲笑某个人"没有教养"或"举止散漫"时，我们很容易就能刺痛他的心，或者令他觉得耻辱，或者这些外界的声音可以让成人意识到自己的缺点，但是他根本无法改掉这些缺点，因为这些缺点在他身上早就根深蒂固了。

生活在不同时代的人是很难互相理解的，就像古代人和现代人，是很难理解对方的生活方式的。但是孩子无论身处哪个时代，无论文明程度高低与否，他们都能轻松迅速地适应环境，并且适应环境所对应的社会文明。

由此可见，幼儿时期十分重要，这一时期对人类发展的真正作用就是让人具有适应性。如果我们想更新现在的社会，就必须从孩子身上入手，单靠成人是无法完成这个任务的。

有这样一位英国驻印外交官，他经常让家里的印度保姆带着他的孩子们去吃印度当地的手抓饭，目的就是不希望自己的孩子产生种族歧视的陋习。印度人习惯吃手抓饭，欧洲人则没有这种生活习惯，这种区别可能会引起两国人民之间的摩擦与矛盾。

日常生活的差异以及由此产生的敌对情绪是人类爆发冲突的主要原因。当然，如果我们想重拾旧日的习俗与传统，最佳途径也是借助孩子来推动。

如此一来，我们必须重视孩子的成长环境，毕竟孩子才是人类真正的创造者，我们有义务为他们提供合适的生长环境。以环境为载体，我们才能通过教育影响孩子，因为孩子会从周围的环境中学习和吸收知识，并由此形成自己的个性。

孩子作为连接历史和未来的桥梁，用他们与生俱来的创造能力为我们带来了希望。

从孩子诞生开始，我们就应该深信他们与生俱来的特殊的心理能力，并有针对性地对孩子施行早教，力争通过这种方式将人性引向更完美的水平。根据上面的说法，孩子在出生前可能已经拥有了心理生命。事实上，孩子在胚胎时期就具有了心理活动。

一旦我们接受了这种设定，就会出现另一个难题：胚胎是从何时开始拥有心理活动的呢？按照医学常识，7个月大的早产儿能存活下来，这说明胚胎在7个月大，甚至更小的时候，就有心理活动了。

所有生物，包括那些低等生物，都拥有自己的心理活动。例如，单细胞生物也能感知外界的危险，会远离凶险，主动进攻并找到食物。

越来越多的事实证明了新生儿心理活动的存在，并且得到了社会的广泛关注。这些事实激起了人们的想象，不仅体现在心理学研究上，也体现在文学创作中。心理学家们经常用"出生是一个痛苦之旅"来描述新生儿的降临。这种痛苦不只是针对母亲的感觉，也针对婴儿的感受。**新生儿遭受了痛苦却无法说出来，只能通过哭泣来宣泄，甚至有的心理学家会用"出生恐惧"来描绘新生儿诞生时的心理活动。**

我们在这里说的恐惧是一种无意识的惧怕。如果孩子懂得用语言表达自己的感受，他们应该会问我们："为什么不经我允许就把我带到了这个恐怖的世界？我要做什么才能适应这个新环境？我应该怎么学会呼吸、消化，才能适应这变化无常的气候？这些原本由母亲的器官完成的功能，我该如何获得呢？子宫里是多么温暖和稳定啊！"

孩子无从得知为什么自己会遭遇这种诞生之痛，但可以确定的是，出生所带来的痛苦必定在他们的心灵深处留下了烙印。

成人有责任帮助孩子适应这个世界。我们不能忘记新生儿也会恐惧。如果我们把刚刚出生的婴儿放入水盆里洗澡，就能发现婴儿入水的时候会做一些"抓"的动作，似乎想用手抓住某个东西，好像害怕自己落水或掉到地上。这就是恐惧的典型反应之一。

那么我们应该采用哪些措施帮助新生儿适应新环境呢？母亲可以把孩子抱在自己的胸前，这样不但能给孩子温暖，还能防止孩子受到伤害。

不过放眼大自然，人类在保护新生儿上的积极性似乎不如动物。比如母猫会将刚出生的小猫咪叼到一个黑暗的角落中；一旦有人试图靠近，母猫就会变得异常凶悍。而人类母亲的保护本能似乎没有那么强烈，我们似乎更愿意将孩子当作一个有趣的玩具，而不是独立存在的人，这都是因为我们习惯性地认为孩子是没有心理活动的。

我们经常能看到这种场景：在大量群居动物中，怀着宝宝的母兽会在幼崽出生前离开自己的种群，直到幼崽成长到一定阶段以后，母兽才会带着幼崽回归兽群。在离群独居的这段时间，刚出生的幼崽会逐渐适应生存环境，而母兽会一直跟着它，提供食物和保护。**幼崽通过不断地学习，让自己对环境刺激做出合适的反应，从而让自己的发育达到成年动物应该具有的能力和水平。**当幼崽具备了足够的能力之后，母兽就会带着它回归兽群，这个时候的幼崽就可以独立生活了。

动物的种族本能是在刚刚出生时被唤醒的，它的产生与环境无关，而是动物自身的行为推动了其本能的发展。

发生在动物身上的现象也适用于人类。新生儿通过自己的活动，唤醒了潜在的本能，并为创造性工作提供了很多帮助。精神胚胎就是在这一时期开始觉醒的。

因此，我们不但要关注孩子的"出生创伤"，更要关注由这种痛苦激发的各种行为。虽然人类新生儿不像动物幼崽那样拥有一些先天的能力，但是他们拥有一种创造性的潜在力量。这种力量有助于孩子的成长，帮助他们依靠环境形成自己的个性。

婴儿出生以后，最重要的任务就是适应环境。此时他们的身体还没有发育成熟，骨骼还没有完全钙化，不足以支撑身体站立，运动神经也因为缺乏髓磷脂而无法准确地传达大脑的指令。可以说，婴儿只是人的一个"雏形"而已。他们需要不断地完善自己，发展和完善一系列人类的本能。

新生儿如此脆弱，他们甚至无法自己抬起头来。但即使是这样，**他们已经踏上了重要的生命之旅，他们学会了抬头、坐下、站立、行走、跑跳等动作，靠自己的力量，慢慢地融入这个世界。**

孩子的这种巨大潜能为克拉克·赫尔的观点提供了有力的佐证。克拉克·赫尔曾经指出，神经中枢早于机体器官形成之前就已经形成了。也就是说，孩子的成长不是以身体为起点的，而是以心理为起点的。

虽然身体是运动的物质基础，身体必须达到一定的成熟程度才能进行运动，但是心理发展并不依赖于此。我们已经知道，器官的发展是在心理发展之后开始的，并由心理所控制。但在器官能够进行运动之后，心理还会得到进一步的发展。这时，心理的发展是通过运动从周围的环境中获得经验而实现的。因此，如果一个孩子的运动器官在发育成熟之后被限制运动，那么他的心理发展也会受到阻碍。虽然心理的发展没有界限，但在很大程度上取决于运动器官的使用。

所有孩子都具有心理发展的能力，不过在孩子的"精神胚胎"阶段，我们很难观察到这种心理发展。我们目前已知的是：每个孩子诞生之后都遵循着相同的规律成长发育，其精神胚胎的发育也会历经同样的阶段。

无论是天才艺术家、著名领袖、圣人，还是只是一个普通人，每个人的心理都是从"精神胚胎"发展而来的。

若我们能根据孩子的内在需求提供适宜的帮助，那么就能极大程度地提高孩子的能力。孩子的发展必须遵循大自然的法则，而成人的使命就是研究这种法则，更好地为孩子服务。对此，医学心理学给我们指出了一条明路，那就是研究孩子出生的时刻。

"出生创伤"会给新生儿带来剧烈的痛苦，可能会导致他们的心理发生某种变化或出现心理偏差。一旦出现偏差，孩子可能就无法正常发展，甚至会出现回归倾向，即迷恋子宫的温暖，拒绝成长发育。几乎每一个新生儿都会或多或少地出现一些回归倾向，他们似乎在呐喊："我不要待在这里！我要回到子宫里去！"

我们都知道，新生儿的睡眠时间一般都很长。根据弗洛伊德的理论，**过长的睡眠是回归倾向的表现之一，表示孩子在逃避新环境。**

孩子睡觉时常常将腿弯曲起来，把手放在脸的附近。成人也可能会用这种姿势睡觉。这个姿势与婴儿在子宫里的姿势一样，说明人有回归子宫的倾向。还有一种回归症状，那就是新生儿的啼哭，表明他们对这个陌生的环境感到恐惧。

随着年龄的增长，孩子的回归倾向会表现为依赖他人。怯弱的孩子不愿意独处，尤其喜欢和母亲待在一起。这种孩子之所以不愿意与外界发生联系，是因为他们对外界的陌生事物感到恐惧。

如果孩子对自己赖以生存的环境持恐惧和逃避的态度，那么他们的成长就会受到影响，致使长大以后难以融入社会。他们还会表现出情绪不稳定、懒惰等特点，生存能力低下，需要外界的激励和援助。这将给人类带来潜在的危险。**如果孩子在生命之初未被妥善照顾，他们的个性发展就会受到阻碍，长大以后可能会形成反社会人格。**可见，我们对孩子的不理解所造成的后果，比错误地对待成人更为严重。

如果出生创伤会导致回归倾向，那么这种症状可能会出现在所有孩子的身上。显而易见的是，出生后的最初几天，孩子的生存环境发生了剧变，由温暖舒适的子宫变为陌生且充满危险的环境。

虽然人类的行为模式是无法遗传的，但孩子具有的创造潜力能帮助他们通过对周围环境的吸收来获得对应的行为模式。

或者我们可以用"星云"这个概念来理解孩子的这种学习能力。我们将孩子从环境中学习和吸收知识的创造性能力比喻成宇宙中的"星云"。在浩瀚无际的宇宙中，不同的星云相隔甚远，算得上没有密度。但是如果从更遥远的天体上观察这些星云，它们却具有一定的密度。

孩子就是在"星云"式的创造潜力中掌握语言学习的能力，他们通过与环境的互动，遵从某种规则，学习和吸收语言，并通过"星云"式能力区分不同的发音，慢慢地掌握语言。孩子还会以相同的方式掌握社会的传统和风俗，融入社会并成为其中的一员。

孩子学习语言的时间和步骤不会因为地域不同而有太大的区别，这种"星云"式的学习能力并非让孩子学习指定的语言，而是从生活的环境中吸收语言。

如果我们让荷兰人的孩子在意大利长大，那么他会说的就是意大利语而非荷兰语，尽管他的祖祖辈辈曾长期生活在荷兰。

动物一出生就可以发出能够让同伴理解的、特有的叫声，但人类不能。人类需要更长的时间才能学会环境中的语言，这就是人和动物的本质区别。

由此可以看出，孩子从父母那里遗传的并不是某种语言模式，而是通过环境学习和吸收语言的潜能。这种潜能如同生殖细胞中的基因，可以形成庞大而精准的器官，也就是我们所说的"语言星云"。

当然，孩子对环境的适应能力和行为模式，也不是遗传自父辈。卡雷尔曾说过这样的话："科学家的知识不会遗传给他的儿子。"

在这里，我有必要表明自己的观点。我们说的"星云"只是一个比喻，事实上人类大脑的运作方式与天体的运行是完全不一样的。人类的心理是一个动态的整体，通过环境不断地得到完善。如果发生特殊情况让孩子的"语言星云"罢工，就会造成孩子无法用语言表达自己，尽管他的其他器官如听觉、嗅觉都非常正常。

这样的事例在我们的生活中并不少见，有一些人能听、能看，但就是不能说话，我们对于个中缘由一无所知。这其实是一个有趣的研究，我们应该弄清楚这些人出生后的前几天究竟发生了什么事情。

"星云"理论可以用来解释很多其他理论难以解释的问题，比如社会适应的问题，用"星云"来理解，会比用"出生创伤"来理解科学价值更高。

我认为，孩子的回归倾向大多是由于缺少某一种能力，即面对社会的适应能力。如果孩子缺乏这种能力，就会失去对周围事物的敏感性，无法主动地从环境中吸收知识，更缺少对周围环境的热爱。

如果我们不能通过常规的方式吸收种族特征、传统和宗教等，就容易产生道德偏差，对外则体现为出现回归倾向的症状。

孩子不是通过遗传来获得行为模式，而是通过创造的敏感性。我们不由得想问：在什么情况下，这种创造的敏感性会延缓发展甚至于会消失？答案应该从那些出了问题的人身上去寻找。

我们应该向哺乳动物学习，遵守大自然的规律，在新生儿刚出生的那一段时间给他们提供特殊而必要的照顾。

走向独立

我们给孩子提供足够的
关心和重视，让其自然发展，
孩子就可以慢慢地走向独立。
孩子对独立的需求不仅表现
在心理方面，在身体方面也
需要独立，并且这种愿望会
越来越强烈，只有死亡才能
阻拦它。

　　如果孩子未出现回归倾向，他们就会努力地让自己独立。实际上，孩子从出生开始就没有停止过走向独立的尝试。

　　孩子在成长过程中会不断地克服各种各样的困难，力图让自己越来越完善。同时，他们体内的某种特殊力量会推动他们朝着目标不断努力，帕西·纳恩先生将这种力量命名为"有目标的行动"。

　　如果将这种"有目标的行动"与我们的意识世界对照，那应该就是我们经常提到的"主观意愿"。这个类比可能不太准确，因为人类的"主观意愿"属于个人意识，会受到约束，而孩子"有目标的行动"则归类于生命本身，它不仅是天然的推动力，更是人类进化的原动力。

　　孩子在成长过程中做出各种各样的行为都有赖于"有目标的行动"，如果成人不对孩子的行为进行阻挠或约束，孩子就会感到愉悦，从而充满活力地健康成长。

　　如果我们能给孩子提供足够的关心和重视，让其自然发展，孩子就可以慢慢地走向独立。

　　孩子对独立的需求不仅表现在心理方面，在身体方面也需要

独立，并且这种愿望会越来越强烈，只有死亡才能阻拦它。

孩子迈向独立的第一步就是离开妈妈的子宫，完成了这一步之后，孩子会燃起对学习以及吸收环境里各种知识的热情。换句话说，**对世界的征服欲是孩子与生俱来的，而且在学习和吸收周围环境的过程中，孩子会慢慢地形成独特的自我。**

如果说这种征服世界的需求从孩子出生就拥有了，那么这个全新的世界对他们来说也具有强烈的吸引力。

孩子对这个新世界充满着热爱。或者像凯兹说的那样："新世界能给孩子带来非常丰富的感官刺激。"

一个人出生之后，身体里最先运行的是感觉器官，它能帮助孩子对外界的各种刺激形成记忆，最终形成自己的个性。

成人拥有极广的感知范围，不但能看到自己视线范围内的所有物体，也能听到听力范围内的所有声音。然而刚出生的孩子还不能分辨不同的声音。但是随着听觉经验的增加，他们就能慢慢地分辨出各种声音的区别。

这种感知能力的发展，是一个孩子正常的心理发展过程中的一部分。换句话说，孩子一开始是无差别地吸收外界的东西，之后再进行越来越精密的鉴别。

但是一旦外界环境让孩子产生了恐惧之心，那么环境对孩子就失去了吸引力。

关于这一点，我们通过对孩子身体成长方面的观察找到了证据。例如，孩子在 6 个月大的时候能分泌胃酸吸收食物，也开始长牙，即使戒掉母乳也能健康地成长，这说明他已在某个方面达到了独立，能通过母乳以外的食物摄取营养。情况与孩子的前6个月完全不同，那个时候他们只能依靠母乳，无法消化母乳以外的食物。这时，孩子好像在说："快看，我不再依赖妈妈的乳汁，可以独立生活了。"

孩子成长过程中的第一个里程碑就是能够发音，之后孩子会持续发展，慢慢地走向独立且最终达到完全独立。**一旦孩子学会了说话，就会用语言表达自己的思想，与外界进行交流，再也不用让别人费尽心思地猜测他们的需求了**。可以说，学会说话是孩子迈向独立的过程中十分关键的一步。过不了多久，孩子也会开始学会走路，直到自己能自由地四处走动。

孩子的发展是分阶段的，上面描述的就是他们逐步独立的表现。对孩子而言，学会走路非常重要。不过学走路的过程非常复杂，孩子在出生后一年左右才能学会，而且是和语言的学习、对环境事物的认知同期进行的。

但是其他哺乳类动物的幼崽不必学习行走，它们一出生就拥有了这样的能力。漫长的学走路的过程是人类婴儿所独有的。

孩子的身体必须做好三个方面的准备才能顺利地学会站立和走路，那就是翻身、坐立和爬行。这些身体准备也不是人类婴儿天生就会的，而是需要通过后天的练习来培养的。

当我们做站立、行走的动作时，需要身体里不同结构的神经组织共同协作，小脑就是其中之一。当孩子6个月大时，小脑开始飞速地成长，直到孩子十四五个月大，小脑的成长速度才开始慢下来。孩子小脑的成长会持续到4岁半左右，到那时，孩子才能熟练地站立和行走。由此可见，小脑的发育水平决定了孩子站立、行走的能力发展：6个月大时，孩子学会了坐；9个月大时，孩子会爬和打滚；10个月大时，孩子可以站立；1岁左右，孩子学会了走路。

动作的发展还涉及神经系统的发育。大脑下达的命令由脊柱神经传达给腿部肌肉，如果脊柱神经发育不正常，就无法正常传达命令。脊柱神经的形成对于控制肌肉很重要。可见，获得行走的能力需要多种因素协调来完成。

骨骼的发育则是影响动作发展的第三个重要的因素。大家都知道，婴儿的骨骼很柔软，腿部肌肉不够结实且缺乏力量，不能承受身体的重量，所以他们的骨骼必须先完成钙化变硬之后才能成功学会走路。此外有一点必须指出来，新生儿的头骨是没有完全闭合的，在骨骼发育的过程中，会慢慢长合，只有这样，即使孩子走路时摔倒了，头骨也能很好地保护大脑。

孩子在1岁之前负责行走的身体器官还没有发育成熟，因此我们在这个时期尽量不要教他们走路。不成熟的身体器官不仅不能帮助行走，甚至会对孩子的身体造成伤害。

当然，我们更不能阻拦孩子想要学走路的愿望。自然规律告诉我们，器官成熟后就要开始工作，不然它就会荒废。器官的这种功能性活动被称为"环境经验"。如果器官无法获得这种经验，就无法正常发展，或者说无法发育完全。

孩子也一样，只有吸收周围环境中的经验，才能发育完全。我们将孩子吸收经验的过程称为"工作"。

孩子一旦学会说话，就会不停地练习，好像没有人能阻止他们的喋喋不休。如果我们阻碍了孩子正常的说话和走路，孩子自然就不能正常发展。而走、跑、跳等运动，不但能促进孩子的运动能力的发展，也能促进孩子语言能力的发展。

随着这些能力的逐步提高，孩子的独立性也会逐步增强。孩子只有能自由地运用这些能力，才可以自由地发展自我。

孩子的发展并不是从天而降的，他们必须通过不断的活动和努力才能逐步实现自我的发展。也就是说，**"所有人的行为能力都来源于环境经验"**。

教育的终极目标是让孩子的身心健康地成长，孩子的每一点儿进步都值得庆祝。而教育与环境的关系极其密切，如果环境不适宜，孩子的成长就会受到影响，其发展就会减缓或搁浅，甚至会发生逆转。**因此我们在教育中，必须遵守大自然的规律，给孩子提供合适的发展环境，而非取悦孩子**。适宜的环境才能让孩子的能力得到充分的发展。

当孩子学会行走以后，会发展出更多、更深层次的经验。他们会慢慢地拓展自己的活动范围，遵从自我的意愿去拿取东西，还能自己穿脱衣服等。

孩子常常有强烈的独立活动的愿望，但是总被成人阻挠。但是要知道的是，**成人阻止的并非是孩子的行动，而是大自然的法则，因为孩子的行动都是遵从大自然的法则而发生的。**

当孩子从身体上摆脱了对成人的依赖之后，他们也会慢慢地从精神上摆脱对成人的依赖，最终达到独立。

与其通过成人的教导获取经验，**孩子更希望依靠自己的思考和探索去获得经验。**孩子的个性就是在这样的探索过程中逐渐形成的。这不是一种理论，而是已经被证明的事实。

孩子需要自由，能够独立地按照大自然的法则进行活动，并借助自由的活动和环境经验获得正常的发展。

成人对于孩子需要的独立和自由会存在一些理解上的误差，因此我们不能理所当然地将自己的理解强加到孩子身上。

成人缺乏对大自然规律的准确理解，只有孩子能对自由、独立以及生命本身做出正确的反应。通过孩子的生活方式，我们可以了解大自然的规律，慢慢找到真理。由此可见，孩子的成长过程拓宽了我们的思路。

孩子不断地追求独立究竟有什么意义和目的呢？追根究底，是为了保护自己持续发展的个性。

在自然界中，每一个生物的生存都需要自由。孩子必须遵循大自然的规律，才能得到自由，独立完成自己在大自然中的使命。

生命是不断向前发展的，而我们所追求的独立也不是静态的，它是需要通过持续不懈的努力才能获得的。

孩子的本能是不依赖他人，独立地做事情。**他们在争取独立的过程中，首要的需求就是让自己不受他人的阻挠，力求依靠自己的持续努力达到自己的目标。**

在大多数人的眼中，幸福的生活就是轻轻松松地坐在那里，什么事也不用做。按照这个说法，孩子在妈妈子宫里的生活才是最幸福的，因为在那个时期，孩子的吃、喝、拉、撒等所有事情都依赖母亲完成。

如果所有的事情都可以依赖别人，那么为什么我们还要学说话、学吃饭、学走路呢？为什么孩子又在学习的过程中表现得那么开心呢？

孩子对自我发展的需求告诉我们，生活的意义并不是完全依赖别人。而且通过孩子的成长状态我们可以得知，社会的教育方法与自然的成长是有区别的。孩子一直努力地学习各种知识，吸收周围世界的经验，依靠自己来获得身体和精神上的独立。**孩子想生存就必须学习，他们渴求的自由和独立不过是一个热爱劳动的人的需求。**所有具有活力的生命都需要持续的活动才能更完美，不仅仅是人，动物也如此。

大部分成人都渴望少工作多休息，或者让别人来代替自己的工作，这显然是违背自然规律的，是一种退化的表现。**成人之所以会产生这种想法，是因为他们在孩童时期没有获得正确的活动指导和帮助，导致外界的很多事物对他们而言失去了吸引力。**

如果孩子习惯于依赖他人，甚至期待别人代替自己完成工作，那是生命活力退化的一种表现，就是前面提到的"回归倾向"。这些偏离了正常发展轨道的孩子，给我们提出了一个新的问题，那就是怎样才能让他们恢复正常呢？

这些偏离正常发展轨道的孩子不喜欢自己所处的环境，他们认为自己生活的环境中存在很多困难，并且依靠自己的力量很难克服这些困难。

想要帮助这些孩子，就必须遵守大自然的规律，通过一些活动让他们从懒惰变得积极，从不愿意工作变得热爱工作，从死气沉沉变得生机勃勃。而这个过程是以遵守自然规律的新型教育为基础的。

在这里，我需要先解释一下"成熟"这个术语。"成熟"是遗传学和胚胎学的专业术语，最早是用来描述生殖细胞受精之后由不成熟到成熟的发展过程。但是在儿童心理学领域，"成熟"表示的是一种成长调节机制，它能平衡个体的各个器官的发展状态，并确保它们朝着正确的方向发展。

根据心理学家阿诺德·格塞尔的观点，个体的发育有特定的法则，就像孩子与生俱来的内在法则会指引他们应该如何学习、学习什么以及什么时候学习。

孩子的身体发育就遵循了一定的法则。比如，孩子要学会走路，必须等到那些与行走相关的器官发育成熟之后才行。孩子学说话也是一样的，在器官没有发育到一定程度之前，孩子是不会说话的。

看过我作品的人应该都了解我的教育主张，那就是孩子一定要顺应自然规律的成长，蒙台梭利教育法就是以此为基础的。

格赛尔的个体规则论从生理发育的角度来说是正确的，但是不适用于孩子精神方面的成长。

如果让孩子单独待在一座孤岛上，只给他们提供生存必需的饮水和食物，但是不让他与别人接触，最后的结果就是孩子的身体会正常发育，而心理发育却会出现偏差。

天才不是人为创造的。我们必须让每一个孩子都充分发挥自己的潜力。同时，对于"生理成熟"和"心理成熟"的过程，我们要认识到，这两者是同时进行的。

器官的成长并不是循序渐进的，所以我们很难全面地了解它完整的成长过程。各个器官会围绕各自的中心点（活动中心）出现，而中心点会在器官形成后消失。

伴随着器官的成长，孩子会出现很多敏感期，这些敏感期对生命的行为起到了很大的指导作用。

通过教育实践我们可以发现，孩子的心理与器官的敏感期是协调发展的。由此可见，人类心理的发展与生命的发展规律是相适应的。

"成熟"除了基因的作用以外，还受到环境的影响。**环境对心理的成熟影响很大，心理的成熟必须经由环境经验才能实现。**

如果孩子无法生活在合适的环境中按照自然规律来获取环境经验，那么他们就会失去对环境的敏感性，这非常不利于他们的成长，会影响心理的成熟进程。我们也可以这样解释：**孩子出生的时候，他们的大脑具备一种与生俱来的特别的吸收力量，能够促使其心理随着敏感期的引导而发生变化。**

综上所述，**有吸收力的大脑、敏感期等机制会对孩子的身体和心理发育造成影响。这些机制都是遗传赋予的，但是又都需要在环境中通过自由活动获取环境经验才可以发挥作用。**

生命的诞生

在通过学习和吸收的方式不断地适应周围环境的过程中，孩子会觉得愉悦并让大脑逐渐成熟。不仅如此，孩子为了让自己适应环境的变化，也会不断地调整自我，让自己成功地融入环境之中。

Chapter 9

孩子的大脑具有特别的吸收力，能从环境中获取营养，来推动个人精神生命的发育。知道了这一点，我们就能帮助孩子的精神生命成长，**首要任务就是要让孩子发现周围环境的趣味性和吸引力。**

环境在孩子不同的发展阶段都发挥了重要的作用，尤其对于新生儿阶段，环境绝对是最重要的影响因素。但是大部分人都没有意识到孩子的精神需求，甚至质疑孩子在两岁之前是否有真实的精神需求。**事实上，孩子不仅有精神需求，而且这种需求对孩子的成长很重要，我们一定要引起重视。**

在此之前，人们只关注孩子的生理健康，对精神健康鲜少关注，因此人们对儿童的精神健康领域的认知并不深刻，也缺乏相关的理论指导。

孩子刚出生的时候，在精神上处于适应外部环境的阶段，那些一出生就拥有行为能力的哺乳动物也同样如此。

对于孩子来说，其行为能力是精神能力进行创造性工作的结果，而不是因为精神能力被唤醒了就产生的。而在孩子精神能力创造的过程中，环境发挥了极大的作用。

当然，环境的影响是一把双刃剑，既能给孩子的精神能力创造带来积极的影响，也有可能带来伤害。

为了避免这种伤害，我们一定要对新生儿所处的环境进行认真的观察，并尽力让环境充满趣味性，引起孩子学习的兴趣，从而使其更好地融入环境之中，避免出现"回归"的症状。这些对于孩子的学习、成长和发育都是十分有益的。

新生儿（0—1岁）可以划分为好几个阶段，每个阶段都需要特别的照顾。其中第一个阶段，即孩子刚出生的时候，时间很短暂，却非常重要。在这一阶段，我们要遵照下列原则照顾新生儿。

第一，保证孩子与母亲尽可能长时间的接触，母子之间有眼神和肌肤触摸的交流。同时，让环境中的温度、光线和声音保持稳定，确保这个全新的环境和子宫的环境差异不是太大。

母亲的子宫里幽静、安宁，温度也很稳定。现在有的医院会给新生儿和母亲提供蓝色的玻璃房子，里面的光线十分柔和；还会严格控制温度，让室内的温度与外界温度相同。

第二，保证动作温柔地触碰和移动新生儿。例如，给新生儿洗澡的时候，要将他慢慢地放入水中。还要注意的是，洗澡之前最好先用一点点水打湿新生儿的身体，避免新生儿遭受过大的刺激；给新生儿穿衣服的时候也要动作温柔、缓慢，不能不考虑新生儿的感受，粗鲁得像对待没有感知的事物一样；抱起孩子的时候要轻放轻起，不要突然抱起或放下。

在这个阶段，母亲和新生儿是一个整体，需要互相交流，他们之间存在一条特殊的纽带，母亲可以通过这条纽带给予孩子力量，帮助孩子更好地适应新世界。也可以说，新生儿只不过变换了位置，从母亲的子宫来到外面的新世界，但他和妈妈仍然是一个整体，其他方面并没有什么大的变化。

实践证明，上述关于新生儿的照顾守则，只适用于第一个阶段。过了这个阶段之后，母亲和孩子就需要摆脱这个与外界隔绝的环境，更多地接触其他的人。

新生儿会遇到的社会问题与成人并不相同。社会的不平等对新生儿造成的影响与对成人也有区别。

社会上有一种说法，认为**"成人越富有越好，而孩子应该穷养"**。这种说法不无道理。在我们的社会中，条件好的家庭，母亲为了能够享受自由和舒适，常常会把孩子委托给保姆全权照顾；而贫苦人家的母亲则请不起保姆，只能亲自照看孩子，这种做法其实才是遵循了自然法则。

从这个角度我们可以发现，成人在意的东西（比如财产）对孩子而言可能并没有什么意义，甚至会产生消极的影响。

第一阶段过去之后，孩子就可以轻轻松松地适应当前的环境了。然后他们会开始踏上自我的独立之旅，从周围的事物中汲取养分。

刚开始的时候，孩子运用感觉器官来进行一些活动，认识周围的事物。在这个时期，孩子的骨骼还没有完全发育成熟，不具备足够的能力来支撑自己的身体和四肢进行运动，但是他们的大脑可以活动，也可以通过眼睛和耳朵等感觉器官来观察环境。

　　这个时期，孩子的双眼明亮且充满了渴望，总是不知疲倦地望着周围的世界，不停地观察；而且他们的眼睛对光线十分敏感，能够接收各种各样的视觉信息。

　　通过对动物的眼睛进行解剖，我们可以发现，动物的眼睛与人类的眼睛区别不大，都是与照相机的运行机制类似的视觉器官。

　　当然，动物的眼睛与人类的眼睛也有一定的区别。受本性的影响，动物的眼睛只对环境中某一类事物保持敏感，并不是对所有事物都具有敏感性，因此它们的视觉受到了限制，仅能满足自己某一方面的需求。

　　比如，猫的眼睛对静止的物体不敏感，它们只对移动中的物体敏感；同时，它们的眼睛更适合夜间活动，就像其他夜间捕食的动物一样。如果猫在晚上看到动态的物体，就会马上进攻。还有一些昆虫，只对一些特定颜色的花感兴趣，因为只有这种花才能给它们提供合适的食物。

　　孩子的眼睛则是不一样的，他们的视觉不像有的动物那样有限制，只要事物出现在他们的视野范围内，都会对其进行观察，从而吸收环境经验。此外，孩子对事物的观察并非机械式的，他们的心理会在观察的同时产生某种反应，会影响他们人格的形成。

　　通过比较孩子和动物的行为方式，能更好地了解孩子是怎样通过周围的环境进行学习和吸收的。有一些昆虫会与那些能供给自己食物的植物拥有相似的颜色，甚至可能随着长期的生活，其形态也慢慢地与这些植物的树叶或根茎越来越相似。人类也会这样。**孩子不断地从环境中吸收经验，也会慢慢地融入环境之中**，就像昆虫与周围的环境融为一体一样。

环境给孩子留下的深刻印象会让他们产生某种心理上的变化，促使他们与环境产生共鸣。动物与环境的共鸣主要表现在生理上，孩子与环境的共鸣则表现在心理方面。

在看待环境中的事物时，孩子与成人的方式是不一样的，产生的结果自然也有所不同。比如，成人看到某个东西后会夸赞"太棒了"，然后就一走了之，记忆里只会留下模糊的印象。**而孩子却会通过环境中的印象在心灵深处创建自我。这种现象在刚刚出生的那段时间尤为明显。**在新生儿时期，人类通过独有的内在力量构建了自我的人格特征，包括语言等，这些特征会伴随人的一生。**在通过学习和吸收的方式不断地适应周围环境的过程中，孩子会觉得愉悦并让大脑逐渐成熟。不仅如此，孩子为了让自己适应环境的变化，也会不断地调整自我，让自己成功地融入环境之中。**

为了帮助孩子健康地成长，我们不得不思考一个问题：应该如何给孩子创造一个合适的成长环境？

如果是面对3岁的孩子，他们也许能够用语言告诉我们自己的需求。但是如果面对一个刚出生的婴儿，他们还无法表达自己的想法和需求，那么我们应该为他们创造什么样的成长环境呢？

前面我们说过，环境中出现的语言就是孩子的母语。孩子想学会某种语言，最好的办法就是和使用这种语言的人生活在一起，处在这样的语言环境里，孩子就可以非常容易地掌握这种语言。

同样的道理，如果孩子想获得某种精神力量，最好的方法就是和拥有并频繁使用这种力量的人生活在一起；如果孩子想获得某种生活方式、习惯和社会传统，也需要与拥有这一切的人群一起生活。

这种观点颠覆了以往大家的想法和做法，称得上是一场观念的革新。以前我们会将刚出生的婴儿单独地放在育婴室里，并安排专业的护士或保育员来照顾他们。其实，这样做对孩子的精神成长是不利的。在这种情况下，孩子只能接触到护士或保育员，无法接触到自己的母亲，感受不到母爱，心灵上的需求得不到满足，因此他们的精神发展会受到不良的影响。

如何对待孩子是一个社会课题，应当得到全社会的广泛关注与重视。

如今，我们通过观察和研究发现，一旦孩子学会了走路，我们就应该带着他们多出门走走，**让他们有尽可能多的机会去观察周围的环境，自由地学习和吸收环境经验**。尽管这样做会给成人带来困扰，例如孩子可能会阻挠成人之间的谈话等，但是如果我们真的想帮助孩子成长，只有经常将孩子带在自己身边，让孩子受到言传身教的影响。

当孩子身处户外的环境中时，他们在意的是什么呢？目前，很多人对于这个问题都无法给出确切的答案，只能依靠我们细心的观察，随时留意孩子的一举一动，才有可能发现孩子真正在意的事情。

想要成为一名合格的母亲，就一定要善于观察孩子的兴趣并推动他去靠近自己感兴趣的事物。在这个过程中，孩子会表现得好奇而愉悦。

我们必须再次强调，孩子是通过适应周围的环境来建立自己的个性的，而要达到这个目标，首要条件就是充分地接触外界环境。否则孩子在成长的过程中就会出现某些问题。

与我们文化背景不同的成人是如何对待孩子的呢？我可以举出一些例子，事实上他们的方式比我们的更加文明、合理。

在某些国家，母亲会时刻把孩子带在身边，不管是出门买东西，还是走亲访友，母亲与孩子寸步不离。这样一来，孩子就能时刻观察到母亲是如何与他人交谈、互动的，母子之间的联系也会更加紧密。这种相处模式除了增强亲子关系之外，还能让孩子模仿母亲的言行举止，并最终形成自己的能力和个性，才能更好地适应社会。

不同的社会群体、不同的民族和种族，携带孩子的方式会有很大的区别，对此我们可以举出一些例子来加以说明。在有些地方，母亲会借助外力抱孩子，而不是用胳膊抱孩子，比如婴儿竹篮或者大袋子。在有的国家，母亲为了不影响自己的工作，会用木板或者绳子将孩子绑在自己的身上——可以是后背也可以是前胸，还有的母亲会将孩子装在背篓里背在身上。

还有一个现象我们应该注意，那就是孩子的哺乳期正在延长，有的家庭将孩子的哺乳期延长至一年半，有的家庭甚至延长到两年或三年。

延长哺乳期的目的并不是为了给孩子补充营养，因为过了正常的哺乳期，孩子就可以通过常规食物来吸收营养。**之所以延长哺乳期，是为了保障母亲和孩子之间拥有更多相处的时间，这有助于孩子适应社会、完善自我。**

实际上除了母亲，孩子还可以通过其他方式来与世界进行接触。他们可以听到环境中其他人的声音，也能看到环境中的其他事物，即便孩子不能说出事物的名字，这些事物也能在他们的大脑中留下印象。

我们还要留意一个现象，孩子如果跟母亲待在一起，一般不会哭泣，除非是受伤了或者生病了。

可是，西方国家的孩子通常有爱哭的问题，为此他们的父母也产生了很多抱怨。关于这个问题，心理学家给出了如下解释："孩子爱哭、情绪不稳定，是因为精神上的饥饿。"

如果我们将孩子限制在一个固定的空间里，孩子就如同囚徒。在这种情况下，孩子的精神需求得不到满足，潜能也就无法发挥。我们一定要杜绝这种情况的发生。

语言学习的
机制

　　大自然是无比智慧的,
它让新生儿只对人类的语言
敏感,这样的安排有利于人
类更好、更快地学习语言。
正是因为拥有这种机制,孩
子才能把从周围环境中听到
的语言变成自己的东西。

现在，我们就孩子的语言发展问题来展开讨论。

人类与别的动物的最大区别在于语言，语言是人类文明的载体，可以帮助人们融入自己生活的环境。

动物生存依靠的是本能，人就不同了。对于一个婴儿的未来，我们是完全没有办法预测的。不过，可以确定的一点是，如果一个婴儿无法用语言和他人进行交流，他就几乎什么都做不了，也很难在社会中生存下去。

和他人交流思想，在一个人的成长过程中是非常重要的，而需要用到的工具就是语言。

其实，语言对于一个刚出生的婴儿来说是没有任何意义的。在婴儿的眼里，语言不过是因为空气的连续振动而使人发出了一连串的声音罢了。就好像"容器"这个词，原本没有任何意义，只是后来人类给它赋予了意义。

类似的还有很多别的词语，它们的意义都是人类所赋予的，得到了人类的共同认可。只有当一个群体都认可某个词语的某种意义时，这个词语才有意义，人们也才能理解它并用它来交流。如果要在其他群体表达相同的意思，则可能要使用不同的语言。

如此一来，语言也在不同的群体之间筑起了一道高墙，某些群体在墙的这一边，某些群体在墙的那一边。

说到底，人与人之间是通过什么维系的呢？语言。语言并不是一成不变的，而是会随着人类需求的变化而变化，随着人类思想的进步而发展。

人们起初认为语言是大自然赋予的，可是实际上，**语言超越了自然，是人类思想和智慧的结晶。**

我们不禁要发出一个疑问：人类是怎样掌握语言的呢？

我们无法理解的是，为什么孩子学起语言来如此轻松？他们似乎不必花费什么力气和努力就能掌握一种语言。孩子的这种能力是如何获得的，我们以前对此并没有给予足够的重视。

人们普遍持有一个观点，只要将一个婴儿和会说话的人放在一起，这个婴儿也就自然能学会说话了。可是事实上，语言是非常复杂的，如果我们认识到这一点，就会知道这个普遍意义上的传统观点未免太肤浅了。

当研究语言时，我们发现了一种不可思议的现象，那就是无论一个国家的语言多么复杂和深奥，即使是没有受过教育的本族人，也能掌握它。比如印度，很多年以前，即使是农民和流浪者也能熟练地用梵语进行交流，他们是怎么做到的呢？

我们带着这些疑问，开始仔细地观察孩子，研究他们语言能力的发展过程。要提醒大家的是，对于孩子的语言能力，我使用的词语是"发展"而不是"教授"。之所以这么说，是因为孩子的语言不是母亲或其他人教授的，而是自然发展的。

所有孩子的语言发展都遵循了相同的规律，不论他们生活在什么地方，也不论他们所处的环境使用的语言是复杂的还是简单的，孩子的语言发展过程都是一致的。

所有孩子的语言发展都要经历这样几个阶段：简单发音、使用词汇、熟练掌握语法和句法。

如果一个孩子具备了语言能力，他们就可以分辨单数和复数，也可以分辨不同的时态和语态，乃至前缀后缀等。尽管这门语言可能很复杂，又或者有许多独特的用法，但是孩子仍然能够很快学习并掌握它。

虽然语言有很多不同的种类，但是它们的发音都具有相似的规律，那就是每个词语、每个音节的发声都要遵循一定的机制。比如，有的音节需要依靠鼻子和喉咙的互相配合才能发出来，有的音节则需要依靠舌头和脸颊的肌肉协同运作来发声等。

成人使用起自己的母语来可谓得心应手，但是如果到了别的国家，可能就没有办法听清楚该国语言的发音，更不用说学习这个国家的语言了。孩子就不一样了，孩子可以建立某种语言机制，不管听到哪个国家的语言，都可以很快地学习并掌握它。

对于孩子来说，学习语言的过程是无意识的，并且会将语言变成自己的一部分；而对成人来说，学习语言的过程是有意识的，往往只能想象出有意识地学习一门语言是什么样子。可是我们也必须认识到，孩子学习语言的形式是一种自然的机制，或者说是一种超自然的机制，它和有意识地学习语言是没有关系的。我们不能用肉眼看到这种语言机制，但它对于全人类来说都是普遍适用的。

孩子学习语言的过程给我留下了深刻的印象：首先，这一过程具有连续性，不管什么语言，其发音都是一代一代遗传下来的；其次，无论是简单的语言还是深奥的语言，对孩子来说都没有难度上的差别。

孩子身上表现出来的这种吸收和学习语言的特点让我想到了一个与此相似的现象。

当想获取某些东西的图片时，我们可以用笔画出来，也可以拍照。

拍照时，感光底片记录下这些东西的影像，不论要记录的东西是1个还是10个，都可以在瞬间完成。即使要记录1000个，也是相同的原理，与记录1个没有多大的差别。而如果自己用笔画出来的话，那就不一样了，画的东西越多，消耗的时间就会越长。

不仅如此，在拍照时，底片上的影像是在完全黑暗的条件下形成的。孩子语言发展的过程也是在"黑暗"中不知不觉地进行的，而且一旦形成，就很难再发生变化。

孩子是在大脑完全没有意识的状态下学习语言的，等到语言发展成熟后，就成了大脑的一部分。显而易见，这一现象的背后一定隐藏着某种机制。

如果我们接受了这种语言学习的理论，就会自然地联想到：在这个过程中究竟发生了什么？现在，很多人就这个问题展开了技术性的研究。在研究过程中，有些问题需要通过观察熟悉的事物来完成。我们也在进行相关的研究工作，主要是观察孩子从出生到两岁或两岁以后每天的行为和活动并将之记录下来。

我们根据这些记录，发现了很多具有转折性的变化。当孩子在学习语言时，他们的内在进行了大量的工作，而外在表现出来的变化则很少，这说明孩子在学习语言时的外部表现和内部进展是有差异的。

我们可以从中看出，孩子的进展不是循序渐进的，而是跳跃式的，有时甚至是突变。比如，孩子可能突然在某一天掌握了发音的能力，可以说出某个音节或者某个词，而在此之前，可能持续几个月的时间都看不到有什么进展，并且在此后的很长一段时间里，进展又会变得十分缓慢。然而通过观察其他的活动形式，我们可以发现孩子的内部正在发生某种稳定且显著的变化。

心理学家有这样一种观点：孩子不是一字一句慢慢地学习语言的，而是会出现"爆发现象"；并且，这种语言上的"爆发现象"不是由教授者促成的，而是自然发生的。有可能在3个月前，孩子什么都不会说，但是突然某一天，他们就能准确地说出很多单词；再过3个月，他们就可以清晰地说出各种各样不同的词汇了。

孩子在学习语言时表现出的这种"爆发现象"，让我们更有信心和耐心等待他们发展自己的语言能力。即使孩子的语言发展在某一阶段停滞了，我们也要满怀期待，因为这种停滞可能只是表象，将来一定会发生出乎意料的事情。

孩子的语言"爆发现象"会持续到两岁左右，当孩子两岁时，他们已经可以说一些复杂的句子，也可以运用不同时态和语态的动词，甚至是连词，就连长句和分句，对他们来说也不是什么特别困难的事情了。到这个时候，孩子就形成了自己种族特有的心理特征和语言表达机制，并且这种语言表达能力已经从无意识状态过渡到了有意识状态，具体表现为他们的表达欲旺盛，会不停地说话。

两岁是人类心理类型的一道分水岭。当孩子两岁时，他们进入组织语言的时期，此后的语言发展并不是爆发式的，而是以自然的方式进行着。

从两岁到五六岁这一时期，孩子学习了很多单词，也慢慢地完善自己使用的句型。对于孩子来说，良好的语言环境有助于学习语言。当然在这一时期，不论生活环境中接触到的词汇是贫乏还是丰富，孩子都会去学习，语言或词汇都会变得丰富。

一些心理学家发现，一个两岁半的孩子，其词汇量为200—300个；一个6岁的孩子，其词汇量可能超过了1000个。这些词汇都是孩子自然吸收并掌握的，而不是靠老师教授的。

值得注意的是，孩子的语言学习有两个方向：首先是无意识语言学习过程，紧随其后的就是有意识的学习过程。经过这两个过程，我们眼前就出现了一个完整的人。

6岁孩子的语言表达能力很强，这时他们已经了解并可以使用母语的一些规则，同时完全忘记了自己在此前无意识状态下进行的语言学习。可以说，孩子已经独立地完成了语言学习的整个过程。

如果孩子没有这种自觉地学习语言的能力，那么人类也就无法在历史上取得如此众多辉煌的成就，这也代表了人类社会文明的进步。可以说，**社会文明的发展是以孩子的语言学习为基础的**。

触发孩子语言学习的机制到底是怎样的呢？接下来我会进行详细介绍。

为了适应外部的世界，生物体会不断地调整自己，在这个过程中，中枢神经发出指令之后，神经、肌肉等身体器官和组织就会进行相应的活动。而语言机制的存在告诉我们，不仅肉眼可见的事物在发挥作用，就算是一些我们看不见的事物，也会发挥其作用。

19世纪末，人们普遍持有这样一种观点，即人的大脑皮层有两个与语言有关的"中心区域"：一个是感觉中枢，负责接收外界的语言；一个是运动中枢，负责语言的表达和发音。

用肉眼观察，人的外部语言器官，构造大致相同：耳朵负责接收声音，嘴巴、鼻子和喉部负责发出声音。它们属于不同的中枢，生理和心理都是分开发展的。从某种程度上来说，孩子的听觉器官与心理上的某种神秘力量有关，可以促使孩子无意识地学习语言。通过说话时各个器官进行的复杂运动，我们可以对其有所了解。

显而易见的是，运动中枢比感觉中枢的发展要慢得多。之所以会这样，是因为孩子不是天生就会说话的，他们必须先听到身边人说话，经过吸收和学习，然后才能学会说话。当在大脑中存储了语言信息之后，语言器官就会运动起来。语言器官的运动是由人们听到并存留在大脑中的声音信息决定的。

我们必须明白，语言不是逻辑推理的产物，而是自然机制的产物。弄清楚语言发展的真相之后，我们就会明白，智慧的力量是无穷的；和生理对于心理的作用比起来，智慧力量的作用更大、更明显一些。刚出生的婴儿，不但自己不会说话，而且也听不懂别人说的话。婴儿自己更不会做什么事情，不过等到他们长大后，就什么都会做了。

在生命刚诞生的时候，感觉中枢和运动中枢都不具备语言功能，可是它们都有学习语言的能力。人类的语言就是利用这两个中枢自然而然地发展出来的。

进一步的研究发现，除了感觉中枢和运动中枢之外，听觉在孩子的语言学习过程中也发挥了作用，产生了不可忽视的影响。

我上面讲的这些机制，都是大自然的安排，一个人从一出生，就在为学会说话、适应社会而做准备。

耳朵是人类的听觉器官，当胎儿还在母亲的子宫里时，耳朵就塑造出来了。这个器官就像一个音乐天才创造的，其构造既精密又复杂，堪称完美：外耳的形状像一个竖琴，由于空间有限，这个"竖琴"的线呈螺旋状，具备听到各种不同声音的能力。不过，如果没有东西拨动"竖琴"的弦，那么它也就是一架"废琴"，无法真正听到声音。你可能要问了，"竖琴"在什么情况下才会振动呢？那就少不了鼓膜。鼓膜位于耳朵内部，当声波传进耳朵，引起鼓膜振动时，我们就能听到周围环境中的声音了。需要说明的一点是，由于构造的限制，人类的耳朵并不能听到周围环境中的所有声音。

因此，我们现在知道了，早在婴儿出生之前，耳朵就已经长好了。哪怕是早产儿，他们的耳朵也是发育完全的。

那么，耳朵到底是怎么传递声音的呢？孩子又是怎样以此为基础，形成自己的语言的呢？对这些问题目前还没有十分确切的答案。

专门研究新生儿的心理学家认为，在所有器官中，听觉器官是发育得最缓慢的，新生儿只会对很大的响声有所反应，这是因为他们的听觉器官不灵敏，无法对声音及时做出反应。这一点我是认同的，新生儿的听觉器官是迟钝的。但是有一点不同的是，我认为新生儿的听觉器官可以对某些特殊的声音产生反应，例如人类的语言，而这种表现都是新生儿在为自己学习语言做准备。

大自然是无比智慧的，它让新生儿只对人类的语言敏感，这样的安排有利于人类更好、更快地学习语言。正是因为拥有这种

机制，孩子才能把从周围环境中听到的语言变成自己的东西。

这种机制到底是怎么发挥作用的呢？虽然我们无法知晓生物体内到底发生了什么，但是我们可以从生物的外在表现窥出一些端倪。

语言会根据形式，按照从简单到复杂的顺序依次印刻在婴儿的潜意识中：首先是单个音符的字母，也就是最基础的语言；其次是音节，接着就是单词。这个学习过程是循序渐进的，尽管婴儿最初说字母、音节或单词时，可能并不明白它们的含义。

3—5岁的孩子会开始学习语言，他们首先会学习事物的名称，并对此表现出十分浓厚的兴趣。不过在成人看来，这样的学习索然无趣。令人惊奇的是，在自然的机制之下，孩子可以学会名词、动词、形容词、连词、副词，乃至前缀、后缀及语言所有的特殊用法，最终可以十分熟练地运用语言。

孩子可以在短短两年内学会丰富而复杂的语言，身为教育者，我们不得不感叹孩子的神奇和伟大。在这两年时间里，孩子也从无意识状态慢慢地过渡到了有意识状态，也就是说，他们的潜意识觉醒了。

如果你留意了就会发现，4个月的婴儿听到旁人说话时，会仔细地观察说话人的嘴唇，还会进行模仿。这说明什么呢？说明虽然婴儿的观察和模仿是在无意识的状态下发生的，但是他们已经具备模糊的语言意识了，只不过婴儿的发音器官和肌肉还无法协调地工作。这种模糊的意识会唤起婴儿学习语言的兴趣，促进他们的语言发展。

经过2—3个月的观察之后，婴儿就可以自己发出一些音节了。例如在生活中，有些6个月大的婴儿会突然开口叫爸爸妈妈，发出"爸、爸，妈、妈"等音节。

在此之后，婴儿会慢慢地说出两个音节的词。此时，婴儿的语言发展就到了一个转折点，他们逐渐从无意识学习语言的时期进入有意识学习语言的时期，意识开始在语言学习中发挥作用。

当婴儿到了10个月大左右，他们会发现，原来自己听到的声音并不是空洞的，而是具有含义的。这时当婴儿听到父母温柔地对自己说话，他就会明白，父母说的话具有一定的意义，会开始努力理解这些话的意思。

到了1岁左右，孩子会开始有意识地咿咿呀呀地学说话了。他们说话时会带着某种目的，即表达自己的需求。他们已经意识到，语言与周围的环境是存在某种联系的，因此会开始有意识地学习语言，并且随着时间的推移，学习语言的愿望会愈发强烈。他们体内似乎第一次产生了冲突，即冲破无意识，达到有意识。

怎么理解这种冲突呢？我可以举个例子。当我在国外演讲时，如果用当地的语言表达，观众自然能听懂。但是，如果我说的当地语言不地道，观众也就无法理解我说的内容。这样一来，我想与观众交流的心愿，与我的表达方式就是冲突的。

这种冲突在孩子身上表现得更为明显。如果孩子具有交流的愿望，却无法达到目的，他们就会感到失望，甚至会发脾气。好在孩子具有学习和掌握语言的能力，他们会逐渐学会语言，并能使用语言与他人交流。孩子的语言发展是谁也无法阻挡的。

当孩子到了1岁半左右，他们会从和成人的交流中发现，每个事物都有自己的名字——代表这些事物的名称，他们就会逐渐学会使用这些名词来表达自己的想法。在这一阶段，成人要保证孩子听到发音正确、语法规范的语言，同时要随时观察孩子，思考他们说的话并努力理解，以便在必要的时候给予帮助。

影响语言能力的障碍

要教育孩子，成人首先要对自己进行教育。培训教育者的个性，比让他们学习某些教育理论更有用。与爱抚自己的人相比，孩子更愿意接近能理解自己的人。这说明对孩子来说，理解和帮助是比爱抚更好的礼物。

　　孩子刚学习说话时，起初只能发出一两个简单的音节，慢慢地才会说一些词汇。随后会出现"语言爆发"现象，孩子掌握的词汇量会突然增多，并且能够使用这些新词汇与人交流。

　　到了两岁，孩子会出现使用句子的语言爆发现象，他们可以将几个词汇有序地排列组合，形成自己的语言并表达出来。这也表明孩子进入了思想爆发时期。

　　其实，在进入语言思想爆发时期之前，孩子还会经历爆发准备时期。虽然这个准备的过程无法凭肉眼观察到，但是我们能看到孩子为表达自己的思想而做出的努力：如果成人听不懂孩子说的话，孩子常常会表现为发脾气、愤怒等。

　　孩子体内隐藏着巨大的潜能，一般来说，只要发展正常，每个孩子都能找到发挥这些潜能的途径，只是他们需要付出极大的努力。此时由于环境与孩子自身能力的限制，孩子也会面临障碍，进入适应环境的第二个困难期。

　　孩子适应环境的第一个困难期是他们刚出生时，他们无法再依靠母亲来满足自己身体的需求，而需要靠自己完成身体的正常运转。如果我们成人在这一时期不能给予孩子适宜的照顾，孩子就会出现"出生创伤",并可能导致成长衰退。

语言学习可以帮助婴儿向独立逐步迈进,当然,在这个过程中,他们也避免不了衰退的危险。孩子在这个时期会记住学习过的所有东西,也会记住一些障碍给他们带来的不利影响。这些不利影响会给孩子的性格带来什么结果是无法预测的,也许会使孩子正常发展,也许会使孩子不正常地发展。

两岁时,孩子掌握了说话和走路的能力。到了两岁半左右,这两种能力的发展速度会慢下来,此后也可能会由于某种原因而停止发展。这一点与心理学家所说的"成人的心理障碍问题常常可以在幼年时期找到答案"是一致的。

与正常发展相伴的困难会导致"压抑",我们平常说的"压抑"就形成于婴幼儿时期。

当语言爆发期开始后,孩子需要频繁地使用语言,这样才能逐渐学会用符合语法规范的句子将自己的想法表达出来。现代的教育理论鼓励孩子自由表达,这也促使了孩子语言的发展。

然而,有些孩子到了特定的年龄却迟迟没有出现语言爆发的现象,例如有的孩子到了3岁或3岁半,虽然语言器官发育正常,说话时却只使用一些年纪更小的孩子常用的简单词汇。这就是"心理失语症",是一种病态的心理,完全是心理原因造成的。不过,孩子的这种语言迟钝的状态可能在某一天奇迹般地消失,他们可能会突然开始不停地说话,并且用词准确、语法规范。显而易见,对于语言的发展,孩子的身体内部已经做了充分的准备，只是在外在表现的过程中受到了阻碍。

在我们的儿童之家，有些三四岁的孩子从来没有说过话，他们的语言能力甚至还不如只会咿呀学语的两岁的孩子。面对这些孩子，我们会给予他们充分自由的环境，并耐心地鼓励他们开口说话，这样过一段时间之后，他们就会开始说话了。可是，为什么这些孩子会这样呢？这是因为他们在学说话时受到了某些阻碍，导致心理受到了创伤，进而不能把吸收的语言表达出来。

很多成人会遇到这样的情况，那就是有时候自己想说的话却无法顺利地表达出来，具体表现为以下几种类型：说话缺乏勇气；使用语言有困难；语速较慢，说话不连贯。

这些都是自卑心理的表现，对这些人来说，这种自卑心理可能会伴随一生，除非有一段从环境中历练、接受残酷而痛苦的阶段，从而使内心拥有强大而坚韧的自我，同时保持对世界的善意与宽容。永远不要抱有失望沮丧的心理，保持身体愉悦，头脑清晰，尽量做到说的每句话都保持言之有理。

影响人语言发展的还有一些其他障碍，例如结巴或者发音不准等，这些障碍大多产生于语言机制形成时期。由此我们可以得知，语言学习的每个阶段都可能出现不同形式的衰退。

第一阶段：词汇形成机制

孩子会出现发音不准确、说话结巴等衰退现象。

第二阶段：句子形成机制

孩子可能会出现组织句子的速度较慢等衰退现象。

这些衰退现象都与孩子的内心感知有关联，由此产生的阻碍会伴随他们的日常生活，影响孩子能力的发展。

对于孩子成长中会遇到的障碍，成人往往是罪魁祸首。因此，我们一定要记住，要用平和的态度和轻柔的动作对待孩子。令人遗憾的是，在日常生活中，很多成人常常很粗鲁，并且自己也没有发觉。可见，**要教育孩子，成人首先要对自己进行教育。培训教育者的个性，比让他们学习某些教育理论更为有用。**

每个孩子都有不同形式的感觉，由于孩子对于成人的态度十分敏感，他们也非常容易受到伤害。

有些父母会请保姆来照顾孩子，如果父母总是摆出一副高高在上的态度，经常用命令的口吻和保姆说话，这样孩子也会受到负面的影响，可能出现说话时胆怯、犹豫甚至是结结巴巴的现象。

我曾经对孩子十分严厉，有这样一个例子为证：有一次，一个男孩把他弄脏了的鞋子放在干净的床单上，被我发现了。我很生气，不仅沉着脸把鞋子从床上拿了下来，还用力地掸了掸床单，以此告诫这个男孩不能把鞋子放在床单上。后来出现了什么情况呢？在之后的两三个月里，这个男孩不管什么时候看到鞋子，即使鞋子并不是放在床单上，都会先把鞋子拿到其他地方，再用手掸一下床单。也就是说，这个男孩顺从了我的做法。

可是很多时候，愤怒比顺从更有利于成长。因为如果孩子发怒，就说明他们具有自我保护的能力；而一味地顺从，则表示他

们可能受到了创伤。成人对此常常不以为意，他们总认为，只要孩子不发脾气，就天下太平。

成人有时在生活中会毫无理由地感到恐惧，这大多归咎于幼年时期遭受的暴力事件，例如，来自小猫、小鸡等动物的伤害，或者是被锁在黑屋子里的经历。**当一个人产生这种恐惧情绪后，我们无论是讲道理还是劝说，都无法消除他的恐惧**。这种现象在心理学上被称为"恐惧症"，其中有些类型的恐惧症十分普遍，例如"幽闭恐惧症"，表现为如果被关在封闭的屋子里或独处时会感到恐惧。

我说这些是想告诉大家，婴幼儿是十分敏感的，会受到成人的每一个行为的影响，并且这些行为不只是影响婴幼儿的现在，还可能会持续地影响到他们的未来。

作为成人，我们要像心理分析学家一样，仔细地观察孩子，然后逐渐了解他们的思想。当然，这不是一件容易的事情，因为孩子的语言还没有发展完善，我们想要完全听懂他们的意思，是有难度的。但是，我们至少要对发生在孩子身上的事情有所了解，这样才能在他们遇到困难时，及时帮助他们走出困境。

我不禁想，要是在成人和孩子之间有一个"翻译"就好了。于是，我会努力地去理解孩子所说的话，设法充当这个"翻译"。接着我就发现，当我努力地听孩子讲话并想尽办法去理解他的时候，孩子会向我求助，他们似乎知道我会帮助他们。

因此我明显地看出来，**与爱抚自己的人相比，孩子更愿意接**

近能理解自己的人。这说明对孩子来说，理解和帮助是比爱抚更好的礼物。

我每天很早就会起床。有一天早上，我刚起床，一个不到1岁半的男孩就早早地来到我的房间。

我问他："你是想吃什么东西吗？"

小男孩回答："小虫。"

我感到很奇怪，这个小男孩说的是什么意思呢？

见我没有说话，一脸疑惑，小男孩又说了一个字："蛋。"

我想：这个小男孩可能不是想吃什么东西，那他说的究竟是什么意思呢？

小男孩又说道："妮娜，蛋，小虫。"

就在这时，我突然明白他在说什么了。妮娜是这个小男孩的姐姐，她昨天用水彩笔画了一个鸡蛋。当时，小男孩站在一旁，跃跃欲试，也想用水彩笔画画，可是妮娜没有同意。于是，我给了小男孩一支水彩笔，他很高兴了，开始用波浪线画出了像小虫子的图形。

当别人都还在睡觉的时候，这个男孩来向我求助。因为他知道，我能够理解他并给他提供帮助。

这个阶段的孩子十分有耐心，会等待机会来寻求帮助。除非当他们不能正确地表达自己，并且别人也无法理解自己时，他们才会发怒。

我住的地方附近有一个1岁半的男孩，他想模仿3岁的姐姐跳舞。

　　小女孩的舞蹈老师说："这个孩子太小了，我怎么教他跳舞呢？"我告诉这位老师，不管孩子能学到多少，尽力去教就好了。

　　这位老师听了我的话，勉强同意教小男孩跳舞了。可是当老师开始教的时候，小男孩突然发起脾气来，站在那里动也不动。老师一脸无奈，那表情像是在说："看，不出我的意料吧？根本没有办法教这么小的孩子跳舞啊！"其实，小男孩此时没有关注跳舞，他不是因为跳舞生气，而是因为他发现老师把帽子放在沙发上了，而且他的嘴里不停地重复着"大厅"和"柱子"，意思就是应该把帽子挂在大厅里的柱子上，不应该把帽子放在沙发上。可见，小男孩此时关注的是周围事物的秩序。果然，当帽子重新被挂在柱子上后，小男孩恢复了平静，开始准备跳舞。

　　通过这些事例可知，研究孩子的语言和感觉，能够发现很多存在于孩子内心、心理学家发现不了的东西。而这些发现都应该公之于众，这样才有利于孩子更好地适应周围的环境。这项工作也许会很繁杂，但对于人类的发展具有十分重要的意义。

　　在孩子成长的早期阶段为他们提供合适的帮助，这项工作具有开创性。而且研究孩子的心理发展和性格形成也依赖于这项工作。在我看来，我们要肩负起这项责任，帮助孩子健康、正常地发展，而不是给他们带来障碍。为此，以下几点是我们一定要记住的。

（1）人生最初两三年对一生都有影响。

（2）婴儿具有很大的心理潜能，然而我们没有给予足够的重视。

（3）孩子是敏感的，即使成人十分微小的粗鲁言行，也会影响孩子的心理，这种影响可能伴随其一生。

不可或缺的
运动能力

人的心理和大脑发展离
不开运动，如果没有运动，
人就无法健康地发展。如果
没有肌肉的运动，人也无法
准确地表达思想，如此一来，
人就无法独立，智慧也无法
充分地发挥作用。

　　现在，我们需要重新审视关于孩子运动能力发展的教育理论。我们以往对于运动在孩子童年时期的作用的认知是错误的，正是由于这些错误的认知，很多人往往忽视了运动对于孩子的真正作用。

　　一般学校更重视发展孩子的智力，而忽视了运动能力的培养，也忽视了运动能力和心理发展之间的密切联系。

　　想一想人类那复杂的神经系统吧：大脑是中心；各种各样的感觉器官负责搜集感觉信息，并把这些信息传送到大脑；我们还有肌肉。通俗的解释就是，人体主要由三个部分组成，即大脑、感觉器官和肌肉。而这些精密的组织协调工作的外在表现就是运动，通过身体的运动，人类能够表达自己的意愿，就算是最伟大的哲学家，表达思想的渠道也只有一条，那就是肌肉运动。如果不具备肌肉运动的能力，他们的思想还有什么价值可言呢？如果我们仔细地观察动物就会发现，运动是动物表达自己想法的唯一途径。由此可见，人类更不应该忽视运动。

　　心理学家都认为，**肌肉是构成人的中央神经系统的一部分，只有这些部分协调地运作，人才能和周围的环境建立起联系。**

我们常常把大脑、感觉器官和肌肉称为"关系系统"，也就是说，这些组织可以与外界生物、非生物及其他人进行接触。如果没有这些组织的帮助，我们每个人就会与周围的环境及其他人失去联系。这样看来，人体的其他器官和组织难免有些自私，因为它们只会为人本身服务。这些器官和组织被称为"生长系统"，能够帮助人生存和成长。将二者结合起来看可以得知，关系系统促使人与外界进行联系，生长系统帮助人类成长和存活。

神经系统可以视为灵感的源泉，如果失去它，我们就无法看到美丽的世界，也不能形成完整的思想。因此，我们不能把神经系统降低到个体成长的层面上。如果我们一味地专注于自我完善、提高精神层面，就会产生傲慢的情绪，这常常是人类犯下的最大错误。动物进行各种行动并不仅仅为了躯体完美、动作舒展，还可能有更深远的目的。人也一样，只为达到更高的精神世界和自我完善是远远不够的。

从自然的角度来说，人类理应追求更高的境界。万事万物都属于宇宙，都为宇宙的运转而服务。如果我们人类精神丰富、道德高尚，就不能只顾自我满足，而应该为整个宇宙的精神世界的完善而服务，这样才是有意义的。

精神力量是一笔宝贵的财富，我们应该让它发挥应有的作用，让其他人也感受到这种力量。只有通过语言表达和使用，我们才能完成人类之间关系的循环。下面的比喻或许有助于我们理解这个问题。

　　我们都知道，为了保持身体的健康，心、肺、胃等器官必须维持正常的运作；一旦其中任何一个器官出了问题，人的健康都会受到影响。

　　同样的道理，只有大脑、感觉器官、肌肉协调地运作，关系系统才能正常地运转。要想让大脑发挥作用，我们必须把其他部分也发动起来，因为人完成任何一种运动都需要几个部分协同工作，缺一不可。由此，我们必须考虑运动的问题。

　　我们现在犯的一个最大的错误，就是把运动和其他功能区别对待。我们错误地认为，运动只是为了保持身体健康，或者改善呼吸、饮食和睡眠。这种错误认知极容易造成运动与思想的脱节。

　　我们在设置课程的时候，不仅要考虑到孩子大脑的发育，也要考虑到其身体的发育，而不能将大脑和身体分开来考虑，这样就破坏了自然所赋予它们的连续性和整体性。换句话说，发展运动能力不仅是为了强身健体，也有利于心理的发展。

　　要想让运动发挥作用，一定要与大脑合作，这不仅是指思想与行动要同时存在，还指通过运动进行一种更高的生命存在形式的表达。

　　如果人体只是一堆肌肉，没有大脑，那么人的发展就只能停留在生长层面；**如果没有肌肉的运动，人也无法准确地表达思想，如此一来，人就无法独立，智慧也无法充分地发挥作用。**

　　有人可能会问"究竟运动对于人的大脑和心理有什么作用

呢？"现在，我们可以肯定地回答：**人的心理和大脑发展离不开运动，如果没有运动，人就无法健康地发展**。对于这一点，我们能在自然界中找到很多证据。

如果我们仔细观察孩子的发展状况，就会发现，运动可以促进孩子大脑的发育。就语言能力而言，孩子要通过发音器官的运动来学会说话，进而提高语言能力。运动对孩子的大脑发育有好处，而大脑又会促进运动进一步的发展，这是一个循环的过程。

大脑控制的肌肉叫作"随意肌"，它受意志的控制。什么是意志呢？意志是大脑活动的最高表现形式，一个人如果没有意志，也就无法形成和发展心理能力。进一步说，如果是意志在控制随意肌，那么这些肌肉就一定会形成某种心理器官。

随意肌是人和动物身上很常见的部分，数量多，肉眼就能看见，它们有大有小、长短不一，作用也不尽相同。如果一块肌肉向某个方向运动，那么一定有另一块肌肉向着相反的方向运动；这两种相反的力量越强烈，运动就越精细。如果我们反复进行一种运动或训练某一个动作，这些具有相反力量的肌肉也会更加和谐。

我们目前并不完全了解这种相反的力量，可是它控制了我们每一个有意识的运动。不论是凶猛的老虎那豪迈一跃，还是小巧的松鼠那灵巧一跳，这些运动都是因为两种相反力量互相作用而产生的。

对于人类来说，所有的运动都不是与生俱来的，而是存在一个精密而巧妙的机制，使得运动从各种活动中逐渐形成。

人和动物不同，人的肌肉更丰富，能够通过学习做出各种动作。这并不是说人的肌肉更强壮，而是人的肌肉之间可以更协调地运动。

其实，人在刚出生的时候，肌肉是无法协调运动的，只有通过大脑的控制才能逐渐完善运动的能力。这表明了人具有某种使肌肉协调运动的内在力量，当这种力量出现之后，人就能通过不断地练习来完善自己。

很多动物出生不久就能跑会爬了，或者可以在水里自由地游来游去，人却做不到。可是人拥有学习的能力，甚至能比动物做得更好。不过，人需要通过大量的重复训练，才能学会并做好这些动作。在这个过程中，人的不同肌肉之间的运动也会越来越协调。

现实生活中，几乎没有人能将自然赋予肌肉的各种能力全部发挥出来，但是人可以根据自己的喜好选择发展不同的能力。比如，体操运动员并不是天生就拥有适合做体操的肌肉，舞蹈演员的舞蹈能力也不是与生俱来的。他们都是在大脑意志的指导和推动下，逐渐发展并完善自己的肌肉，进而获得了相应的运动能力。

没有人天生就会做某种工作，但有可能将来什么都会做，这取决于人的意志。当然也不是所有人都会朝着相同的方向发展，即使有很多人学习同一种艺术，他们之间也会千差万别。这好比我们写字，每个人都会写字，可是当让所有人写同一个字时，写出来的字体都是不一样的。

人通过运动来表达自己的思想，与此同时，运动也促使人发掘出自己的内在运动潜能。人从事的工作会影响他的心理生命。如果一个人无法使自己身体的肌肉得到发展，他的心理也会停留在较低的水平上。因此，学校才将体育和游戏设为必修课，防止学生肌肉的退化。我们对孩子进行教育时，要使脑力和体力活动交替进行，有张有弛，才能让孩子的肌肉组织得到有效的锻炼。

如果一个人要与周围的环境及他人建立关系，运动能力是不可或缺的。基于这一认知，我们才能更好地发展运动能力。

试想一下，如果所有动物都是一动不动的，所有植物也都停止生长了，那会是什么样子呢？如果动物都不再活动，世界顿时陷入死寂；如果植物都停止生长，就不会长出花朵和果实，空气中的有毒物质会大大增加。整个世界会是一片混乱。

可见，运动与万事万物是紧密相连的。**人类和整个社会都离不开运动，如果人不运动，其他的潜在能力也将荡然无存；如果人都停止工作，人类社会也必然会毁灭。**

我们应该了解自然法则，即每一种生命都有其特定的运动形式，而这些运动不仅是为生命自身服务的，也是为自然和社会服务的。弄清楚这一点，将有助于我们理解孩子并对其实施更好的教育和指导。

孩子运动能力的发展过程是比较复杂的，但是我们可以清楚地看到其中的每一阶段的发展，能从中发现很多乐趣。

孩子运动能力的发展具有一定的规律，从出生到1岁，孩子的动作发展十分明显；两岁以内，孩子的躯体、腿脚、手的动作大致发展完成了。比如，我们会发现，6个月的婴儿可以在别人的帮助下坐起来，八九个月大的婴儿会向前爬行，10个月大的婴儿可以站立，12个月大婴儿在别人的帮助下可以行走了。在这些动作发展的同时，孩子的小脑也得到了发展，帮助他们保持平衡。

对于低等动物来说，其四肢是同时进行发展和工作的，而人类的上下肢是分开发展的，能够满足不同的目的，也就是腿和胳膊的功能是不一样的。

人能够走路并且有保持平衡的能力，这在我们眼中是一种正常的现象。我们可以肯定，刚出生的婴儿将来能学会走路，但是我们无法肯定的是，人的手将来会做什么。一个婴儿将来会有什么技能，有谁能知道呢？而我们的祖先就曾有过各种各样不同的技能。

在所有的哺乳动物中，用两只脚走路的只有人，其他的都是用四只脚走路的。**如果一个人掌握了保持平衡的能力，就可以靠两只脚站立起来。不过，想获得这种保持平衡的能力，他需要经过长期的训练。**

人的手和脚不同，其运动能力是预先决定好的。那么，究竟是什么在指导手的发展呢？是人的大脑。

人的手不仅和个体的心理紧密相连，而且与当时、当地的生活方式关系密切。从历史的角度来说，人手在社会文明的发展中发挥了重要的作用：人可以通过手来表达自己的思想，人可以用手做出各种出色的手工作品。人类历史上伟大的文明时代都出现了典型的作品，比如古印度和古埃及，都发现了许多精美的作品。当然，相对低等的文明中也能够找到一些手工作品，只不过看上去粗糙一些。

人做手工的能力和人的心理发展是同步的。手工作品越精美，人投入的智力活动就越多。我们可以从手工作品中感受到创作者的思想以及他们所处时代的精神。

我们现在没有办法找到远古时代人类的遗骨，要怎么做才能还原远古时代的样子呢？有一个方法，那就是找到远古时代的人做的手工艺术作品。

手是大脑的朋友，人类文明得以延续，少不了手的功劳。 可以说，手是我们继承的最好财产。因此，如果要研究孩子的心理发展，也必须研究他们的手部活动，二者是紧密联系在一起的。我们可以这样认为：**失去了手的帮助，孩子的智力或许能达到某种水平；但如果有了手的帮助，孩子的智力水平会更高，性格会更加坚强。**

根据我的观察和经验，如果孩子没有机会使用自己的手进行活动，他们的性格也会受到影响，例如不听话、消极、懒惰、情绪低落等。

经过比较之后我们发现，有更多机会使用手的孩子的心理发展得更快，性格也更坚强。也就是说，手与人的性格是有密切的联系的。

运动能力有两个发展方向：一是遵循生物的规律；二是与人的内心世界紧密地联系起来。无论哪个方向，都离不开肌肉的作用。

我们应该沿着两条路线研究孩子运动能力的发展：一条路线是孩子手部的动作发展；另一条路是孩子腿部的动作发展，即走路、保持平衡能力的发展。在孩子1岁半以前，这两条路线并没有什么联系；孩子到了1岁半左右，这两方面的联系才开始出现。例如，孩子1岁半时，会走到自己感兴趣的物体前，再用手拿起来进行研究。

世界各地都有人的踪迹，作为活动工具，腿可以把人带到想去的任何地方。但是到了目的地之后，具体的工作则要由手来做。一个人死了之后，有什么东西能够证明他曾经在这个世界上存在过呢？那就是他亲手做的手工作品。

我们研究了人类的语言发展后发现，语言发展与听力的联系是十分紧密的，行为则与人的视觉紧密相关。**当我们想去某个地方时，需要用眼睛观察周围的环境；当我们用手进行工作时，也需要用眼睛去观察。**

听觉器官和视觉器官与人的心理发展有着密切的联系。当孩子发展自己的心理时，首先需要通过视觉器官观察周围的环境，进而充分地发挥出自己的潜能。当孩子学习走路时，也需要观察并了解自己生活的环境。孩子对周围世界的认知及其运动能力的发展，都依赖于心理发展的水平。

一般来说，孩子最先学会的动作是抓或者拿。在学会抓物体之前，孩子的注意力都集中在自己的手上，不过此时是无意识的；当可以抓到物体之后，他们就会有意识地观察自己的手。

到了 10 个月大的时候，孩子开始对周围环境中的事物表现出极大的兴趣，会开始挪动、摆弄物体，借此显示自己的能力。当孩子熟悉了周围的环境后，他们就会开始各种不同的行动，如开关抽屉，从衣柜里拿衣服，从瓶子里取东西，等等。通过这些活动，孩子对自己双手的控制能力也越来越强了。

那么在这个时候，孩子的两条腿有什么变化呢？此时，孩子的小脑发展得十分迅速，已经可以控制身体了。孩子的体内仿佛安装了一个闹钟，可以唤醒体内保持平衡的能力。经过不断的训练和努力，孩子逐渐可以爬起来，甚至是跟跟跄跄地走几步了。

一般来说，一个人从出生到学会走路会经过四个阶段：第一个阶段是翻身，第二个阶段是坐起来，第三个阶段是爬行，第四个阶段是可以独立行走。

当孩子到第三阶段，他们就会开始抓着成人的手慢慢地站起来，然后勉强向前走几步。经过反复的训练之后，孩子就可以自己站起来了，并且过不了很久就会进入第四阶段，不需要别人的帮助就可以自己走路。到了这个时候，孩子达到了一个新的独立水平，可以不依靠别人做事了。由此，孩子进入快速发展时期。

　　独立可以促进孩子的发展，了解了这一点，我们就知道应该怎样对待孩子——不要为他们提供过多的、没有必要的帮助。如果一个孩子已经3岁了，我们还经常把他抱在怀里，那势必会阻碍他的发展。

　　放手让孩子去做自己想做的事情吧。当孩子想用手做什么事情时，我们可以给他们提供锻炼的机会，让他们逐步走向独立。

　　1岁半儿童发展四肢动作的一个非常重要的因素就是力量。当孩子具备了一定的动作技巧时，他们会感到自己越来越强壮，并且会不间断地训练，从而使自己的能力得到最大程度的发挥。大自然仿佛在告诉孩子："你已经足够敏捷了，也具备了相当水平的技能。现在，你一定要让自己变得更加强壮。"

　　当孩子将手的能力和腿保持平衡的能力结合起来之后，他们就能走很长的路去拿一些比较重的东西了。孩子已经学会了用手抓握东西，他们现在要学习的是负重，并可以移动重物。有的孩子会将一大罐水抱起来，努力使自己保持平衡，然后一步一步地向前挪动。

　　很多孩子喜欢攀爬，他们会用手抓住高处的某个东西，让自己像吊环一样吊起来。此时，孩子抓住物品的目的不是拥有它，而是想利用这个物品爬到高处。这一过程可以锻炼孩子的力量，是符合自然法则的。

　　当孩子可以走路了，也有了足够强壮的力量的时候，他们就开始观察周围的人，并且会模仿周围人的动作和行为。**孩子的模仿行为并不是出于别人的要求或者命令，而是出于他们自己强烈的内在需要。**

关于孩子的发展，自然界的逻辑规律是怎样的呢？我们总结如下。

（1）让孩子可以站立。

（2）让孩子学会走路，并且越来越强壮。

（3）让孩子熟悉周围的环境，并参与其中进行活动。

由此看出，孩子在成长的过程中会经历不同的阶段：**首先，要做好身体的准备；其次，逐渐变得强壮；再次，观察周围的人并进行模仿；最后，独立地做事。一切都是按照大自然的要求进行的。**

大自然还要求孩子进行各种各样的训练，只有完成了这些训练，其发展才会进入新的时期，产生自己独立做事的心理需求，也就是"我已经准备好了，我需要自由"。

到了这一时期，孩子不但能自己熟练地走路，也有了走路的需求。可是成人却没有充分地注意到这一点，我们要么把孩子抱着，要么把孩子放在学步车里。成人总认为孩子无法自己做好事情，应该给孩子提供帮助。在孩子想锻炼独立做事能力的关键时期，成人的这些做法只会让孩子产生自卑感。

1 岁半是令人感兴趣的年龄段，它或许是教育上的一个关键转折点。孩子在这一时期，上下肢开始协调发展，个性也开始发展。为了迎接两岁的"语言爆发期"，孩子开始努力表达自己的思想。总之，这是一个具有建设性意义的时期。

针对处于这一时期的孩子，我们要格外注意，不要打乱他们的自然发展规律，只需要适时地为孩子提供帮助。

处于这一时期的孩子会开始出现模仿行为。我们总是说孩子是在模仿成人，因此也经常强调成人要做好榜样。其实这是一种肤浅的认识，大自然的逻辑与我们的认知并不相同，它强调的是模仿源于孩子自己的努力，与成人并没有什么关系；在孩子进行模仿工作之前，他们自身要做好准备。实际的情况是孩子常常会超越自己的模仿对象，也就是所谓的榜样。

从教育的角度来看，模仿需要一定的准备。如果教育工作者想帮助孩子达到更高的层次，就要知道如何去帮助孩子，以及应该向孩子提供多大程度的帮助。

我们在观察中发现，1岁半的孩子总是要努力地去完成一项活动。虽然他们做的事情在我们成人看来显得有些可笑，但这丝毫不影响他们想要完成这些活动的决心。孩子的这些表现体现了他们的内在需求。如果孩子在做事的过程中被成人打断了，他们的性格形成也会受到影响，做事时容易丧失积极性。纵观那些长大后获得巨大成功的人，其童年做事时往往很少受到干扰。持之以恒的做事态度是一种精神上的准备，我们应该尽量不要干涉孩子的行为。

我们有时候会看到，一个不满两岁的孩子去拿一个他根本拿不动的物体。例如我一个朋友家里有一个1岁半的孩子，他很喜欢把家里一些很重的工具挪过来挪过去，并且还乐此不疲。

成人常常担心孩子会累着，因而喜欢帮孩子做一些事情。但是，如果成人在孩子做事的过程中去帮助孩子，并不利于孩子的行为发展，也会影响孩子的心理发展。大多有精神问题的孩子都可能受到过类似的干扰。

心理学家倡导为孩子开辟专属的天地，让他们可以在那里自由地做事，不受干扰。为了实现这一目标，我们可以建立一些托儿所或儿童学校，特别是针对那些1岁半以上的孩子创立学校。这种学校里的所有物品都是根据孩子的特点设计的。它可能有建在树上的小房子，旁边放置一个梯子，这样孩子就可以沿着梯子爬上爬下。这个小房子不是为了让孩子休息，而是为了锻炼他们运动的协调能力。只有当孩子自身各部分肌肉能够协调运动之后，他们才能开始模仿他人。

对于两岁的孩子来说，走路是一种很自然的需求，也是他们必须掌握的能力之一。在心情好的情况下，一个两岁的孩子能独自走1英里（约1600米）远，并且能克服在走路的过程中遇到的各种困难。

成人总认为孩子自己走不了太远的路，他们之所以会这样想，是因为成人会下意识地要求孩子与自己保持相同的步幅和步速。这就好比我们和一匹马一起奔跑，并且想跟上马的速度一样。这是很愚蠢的。

其实，孩子对于走路的看法与我们成人完全不同，他们走路不是为了到达某个目的地，而仅仅只是走路罢了。

孩子的腿不像成人的那样长而有力，自然跟不上成人的速度。**作为成人，我们有必要放慢自己的步伐，去迁就孩子的速度与节奏，而不是一味地将自己的意愿强加在孩子的身上。**

成人走路时总想着尽快到达目的地，而孩子走路时会被很多事物吸引。比如，当看到地上有一株小草时，他们会蹲下来观察一会儿；当看到一朵花时，他们会凑上前闻一闻花香；当看到一棵树时，他们可能会爬树，或者是在树下转几圈……就这样，孩子不停地走，也不停地发现很多有趣的东西。

孩子的行走是一种探索，这种天性应该引起教育工作者的重视。也就是说，学校里应该设置这种探索活动，尤其是针对年龄小一点儿的孩子，更要开展这样的活动，比如带他们认识各种各样的颜色，观察树叶的形状和纹理，了解昆虫的习性，记住动物的名称等。这些活动都会引起孩子的兴趣。

走路是一种全方位的锻炼方式，能改善人的呼吸和消化功能，起到强身健体的作用。而且孩子能在走路的过程中发现很多乐趣，比如看到一些有意思的小东西，或者是跨过一条小溪，等等。这些活动都需要身体各个器官的参与和配合，使孩子获得和进行其他体育锻炼相同的效果。慢慢地，孩子既增长了知识，也拓展了自己的兴趣。**我们要给孩子提供更多走路的机会，开阔他们的眼界。**这样，他们的生活才会日益丰富起来。

现代人习惯于借助各种各样的交通工具，很少走路，这是不利于身心健康的。 用身体游戏，用头脑读书，这种将生命分割开来的做法并不可取。**生命是一个整体，身体各部分要协调工作，孩子应该按照自然的法则慢慢长大。**

3岁
是一道分界线

3岁（一种指代）之后，
孩子仿佛获得了重生。他们
大脑中产生了意识，并且开
始发挥作用。这代表孩子有
了稳定的人格，有了记忆的
能力。

　　大自然好像在3岁这个年龄画了一道分界线：3岁前的事情我们往往不记得了，3岁后的事情我们开始能记住了。我们把遗忘的3岁之前的时期称为"精神胚胎"阶段。在这一阶段，孩子的各种能力，如语言、手的运动、腿的运动等，都独立地发展着；一些感觉能力也渐渐形成了。我们不由得想起孩子出生前的"生理胚胎"阶段，在那时候，各种生理器官也是独立生长的。

　　孩子的心理能力也在"精神胚胎"阶段开始独立发展，尽管他们并不能记住这一时期发生的事情。我们不必感到奇怪，因为人在这一时期还没有形成稳定的人格。

　　然而，3岁（一种指代）之后，孩子仿佛获得了重生。他们大脑中产生了意识，并且开始发挥作用。这代表孩子有了稳定的人格，有了记忆的能力。

　　3岁前，孩子开始形成各种心理能力；3岁后，孩子开始发展各种心理能力。一个人在3岁之前经历了从无到有的创造过程，却没有留下任何印记。多么富有戏剧性啊！

　　3岁前的孩子无异于伟大的创造者，然而这一身份似乎被人类从记忆中抹去了。3岁之后，出现在我们面前的则是另一个孩子。正因为这样，成人与孩子之间的纽带被割断了。成人不记得自己3岁之前的事情，所以会成为孩子发展的巨大障碍。

　　3岁之前的孩子没有任何自我保护的能力，是完全依赖于成人的。3岁之后，"精神胚胎"阶段结束了，孩子就拥有了自我保护的能力。如果这时成人过分地控制孩子，孩子会用语言或行为，甚至做出一些恶作剧来表达抗议。成人要认识到的一点是，孩子这样做不是为了自我保护，而是为了了解和熟悉身边的环境，找到能够促进自己发展的正确方法。

　　那么，孩子要发展的是什么呢？其实就是他们在"精神胚胎"阶段形成的各种能力。**3—6岁时，孩子不再被动地观望四周，而是有意识地观察周围的环境，进入一个具有创造性和建设性的阶段。也就是说，孩子有意识的经验产生了作用，他们可以有效地发挥个人意愿，自主地决定个人的活动，开始用自己的双手去改造世界。**

　　这个阶段的孩子表现出忙碌的样子，不停地用手触摸周围的事物，或是做这做那。他们的智力从形成阶段迈进到了发展阶段，心理上也渴望通过自己有目的的行动来探索世界。

　　以往，我们把3—6岁叫作"玩的年龄"。最近，孩子在这一阶段的表现得到了重视，人们开始把它作为一个科学课题而进行研究。

　　在欧美国家，玩具产业发达，人们常常塞给孩子大量的玩具，认为这是孩子需要的。事实上，**孩子需要的并不是玩具，而**

是可以实实在在地接触各种各样的事物。在生活中，孩子的这一需求很难得到满足，因为成人会禁止他们这么做，除了玩沙子。

在一些玩具产业不太发达的国家，那里的孩子唯一想做的，就是参与周围正在发生的活动，比如和母亲一起洗衣服、做面包、做蛋糕。尽管孩子的这些活动属于模仿行为，但它是有选择有智慧的。通过这种模仿行为，孩子能为自己参与周围环境中各种各样的活动做好准备。

孩子所做的这一切都是为了满足自身发展的需要。在我们的儿童之家，我们模拟真实环境中的东西，为孩子准备了一些特制的物品。这些物品的大小、轻重等都非常适合孩子。我们为孩子准备了特别的房间，房间里的桌子、椅子、盘子、小碗等，都是按照孩子的身高、能力准备的，孩子可以自在地使用这些东西，也可以在房间里自由地玩耍。

这些设计现在看来不值得大惊小怪，可是我最初提出要这样做时，却引来了很多质疑声。当时人们并不能理解我为什么要这样做。

美国著名教育家约翰·德威教授曾经到纽约的一些商店做过调查，他想找一些小型的扫帚、凳子、盘子等，却一无所获。这位教授最后无奈地说："孩子已经被遗忘了！"

孩子生活的世界充满了各种各样可以满足成人需求的物品，却没有能满足他们自己需求的物品。孩子成了被遗忘的对象，他们只能漫无目的地在这个世界上游走，偶尔做一些恶作剧，比如弄坏自己的玩具，以此获得精神上的满足。**成人根本就没有注意到孩子真正的内在需求。**

儿童之家就打破了这种局限，给予了孩子他们真正需要的东西。

当我们这样做了之后，可以看到孩子都有了很大的改变，他们明显有了独立的倾向。这一点大大出乎了我们的意料。**孩子逐渐适应周围的环境，并且形成自己的个性。也可以说，孩子成长的大门被推开了。**

一个人要想真正掌握自己的命运，就应该通过教育获得能力和性格上的独立。这就是孩子在童年时期的发展带给我们的启示。

有准备的头脑

孩子对于自己了解的事物怀有特别的兴趣，他们很容易就能将自己的注意力集中在这些事物上。

　　孩子会在自然规律的影响下，想尽办法从周围的环境中吸取一些有用的经验。他们使用自己的双手，不只是为了满足自己实践的需求，也是为了获取知识。

　　当我们把孩子安排在类似于儿童之家这样的教育环境中时，他们会发生一些变化：看起来更快乐一些，并且能长时间兴致勃勃地做一件事情。

　　他们也更加强烈地表现出了对知识的渴求。这些表现大都在"书写爆发期"之后出现。其实，"书写爆发期"并不是说会爆发出什么东西，只是一种象征意义罢了。真正的爆发体现在其内在个性上。人的个性好似一座还没爆发的活火山，表面上很平静，但总有一天，火热的岩浆会喷涌出地面，迸发出浓烈的火焰。

　　在儿童之家，我们为孩子准备了大小合适的物品，他们用起来十分方便。而且这样的教育法显然是有成效的，也为我们指出了教育孩子更好的方向。

　　我们因此在儿童心理学方面有了一个重大发现，那就是不应该让孩子在生命发展的道路上受到阻碍，而是应该鼓励孩子自由地选择成人提供的行为方式。

我们在教育的过程中发现了两个不同的事实。其中一个事实是：孩子吸收知识的年龄比我们普遍认为的要早一些，而且孩子可以通过某些运动来获取知识。我们都知道，3—6岁的孩子具有很强的接受能力。他们会在活动的过程中展开学习。第二个事实关系到孩子性格的形成，对于这一点，我们会在其他章节展开讨论。现在我们只分析第一个事实。

孩子对于自己了解的事物怀有特别的兴趣，他们很容易就能将自己的注意力集中在这些事物上。

例如，孩子会经历"书写爆发期"。根据我们的经验判断，孩子的书写能力得益于在之前阶段进行的一些准备性训练，主要是各种锻炼手的能力的训练。

在大自然中，生命的成长是有一定的规律的。生命会在胚胎阶段形成各种器官，等到这些器官发育完全后，再开始工作。

孩子在0—3岁期间经过了一系列语言的学习，如发出音节、学习词汇的发音等。到了3—6岁，我们就可以教孩子语法。有人或许会感到奇怪：孩子还不会读、不会写，怎么就能学习语法了呢？

我请你思考一个问题：语言的基础是什么？毫无疑问是语法。不论成人还是孩子，说话都必须符合语法。要知道，4岁的孩子正处于完善自己的语言机制的时期，他们的词汇量在慢慢扩大，如果我们此时对他们教授一些语法知识，就能帮助他们有意识地完善自己的语言能力，促进他们学习语言的进程。

而且孩子此时对词汇有一种特殊的敏感性，能自然地积累大量的词汇，同时对于学习词汇也充满了渴望。如果他们得不到这方面的帮助，在学习语言的过程中就会感到很吃力。出于这样的原因，我们也需要对孩子进行系统的词汇训练，以满足他们的需要。

在儿童之家建立初期，老师们会将和周围事物相关的单词写在卡片上，然后让孩子读这些单词。没过多久，老师们就告诉我，自己的词汇量不够了，孩子们还想学到更多的词汇。于是，我准备了一些写有相对专业的词汇的卡片，如多边形、梯形、三角形等几何图形的名称。很快，孩子们就学会了这些词汇。接着，我准备了一些写有其他专业词汇的卡片，如温度计、气压计等；后来，我还准备了写有植物性方面的词汇的卡片，如花冠、花萼、雄蕊、雌蕊等。同样地，孩子们以极大的热情学会了这些词汇，之后又提出了学习更多词汇的要求。

处于这一年龄段的孩子对学习词汇有强烈的愿望，然而到了下一个年龄阶段，他们对于学习词汇就没有这么高的热情了。所以说，**3—6岁是孩子学习语言的最佳时期**。

当我们教孩子学习新词时，最好是将词汇和实物或活动结合起来，让新词与孩子的实际生活经历相呼应。比如，当教孩子认识花、树叶等词汇时，我们可以带他们去看花、树叶的样子。有了实物，孩子很容易就能记住相应的单词了。

有一次，我利用墙壁上的植物挂图，给孩子们讲解植物根的分类。一个孩子跑过来问我："图上是什么东西？"我告诉这个孩子是植物的根。没过多久，我就发现花园里的植物都被拔出来了。是那个孩子干的。他把植物都拔出来，是想将它们的根都看个究竟。

看到这里，有些家长可能会不同意我的做法，他们会担心：如果孩子也把家里花园里的植物都拔出来研究，那可怎么办呢？

孩子的心理与他们看到的事物不是完全吻合的。孩子具有非常丰富的想象力，他们的感觉并不直观。**孩子需要一种非常有序的心理能力，来帮助自己在心里勾画没见过的事物。**

我们的文化不只是由眼睛见到的东西所构成。当看不到湖或雪的时候，我们就需要发挥想象，描述出它们的样子。这就要求我们具备某种特殊的心理能力——想象力。

孩子的想象力如何呢？为了回答这个问题，我在一些6岁孩子的身上进行了试验。

我们设法从全局的视角给孩子介绍地球，而不是讲解河流、海湾、海岛等局部的概念。孩子要想在大脑中形成地球的概念，就必须利用想象力。

我们给孩子们展示了一张地图，上面没有任何标记和地名，只是用深蓝色来表示海洋，用金色的碎末来表示陆地。出乎意料的是，孩子们指着地图，七嘴八舌地说：

"这里是陆地。"

"这里是海洋。"

"这里是美洲。"

"这里是印度。"

……

可见，3—6岁的孩子不仅能够理解事物之间的关系，还能发挥想象力，在头脑里勾画出无法直接看到的事物。

想象力对于孩子的心理发展来说是非常重要的。为了培养和发展孩子的想象力，世界各地的家长和老师都会给孩子讲神话故事。这是为什么呢？难道只有神话故事能帮助孩子发展想象力吗？其实不然，既然孩子能对各种神话故事进行想象，那么同样地，他们也可以想象诸如美洲大陆、非洲大陆等真实存在的东西。

想象力是发现真理的巨大力量，但是我们常常忽略了这一点。

3—6岁的孩子有一些很重要的特征，如爱玩、想象力丰富、爱提问题等。有时候，孩子提出的问题会把成人难住，不知道该怎么回答。

很多孩子都会问这样一个问题——"妈妈，我是从哪里来的？"有智慧的母亲会告诉孩子实话。

一个4岁的孩子问了他母亲这个问题，母亲回答："你是我生出来的呀。"一年之后，这个母亲又怀孕了。她对大孩子说："我准备生另一个宝宝了。"当母亲从产房回到家里时，她把新生儿给大孩子看，并且告诉大孩子："这是你的弟弟，他也是妈妈生出来的。"

此时，大孩子已经6岁了，他很不满："你生弟弟时，我用心观察了，你什么都没做啊！我究竟是怎么来到这个世界上的？你为什么不说真话呢！"说实话或许并不容易，但父母应该凭借一定的智慧来满足孩子的好奇心，激发他们的想象力。值得庆幸的是，相比从我们成人身上学到的，孩子从周围环境中学到的东西要多得多。**但是不管怎样，我们都需要更多地了解孩子，从而找到回答他们问题的技巧。**

孩子总是喜欢问个不停，是因为他们想知道的事情太多。到目前为止，我们还对孩子的心理存在误解，导致我们指导孩子时会遇到一些障碍。

孩子对于感兴趣的事物存在潜意识的需求，在本能的指引下，他们会不断地重复自己的行为。比如，他们会反复打磨一件铜器，直到铜器被打磨得发光、发亮。

重复的运动可以促进孩子精神系统控制能力的发展，促使他们的肌肉之间建立一种协调性。可见，儿童肌肉的和谐并非是自然赋予的，而是通过后天练习获得的。同样的道理，**成人也会重复地进行某项运动，如打网球、踢足球等，目的不只是为了将球打得准确，而是为了提高某种运动技能。**

我们可以将孩子的所有活动及各种行为称为游戏，这些游戏有助于他们形成将来不可缺少的能力。

孩子的本能要求他们适应自己生活的环境，他们有培养各种能力的动力。

那么，孩子培养和形成了哪些能力呢？以语言为例，具有一定韵律感的声音就像纺织机上的经线，是有序排列的，它是织布的基础。语言的"布"是在3—6岁这一阶段织成的，因此6岁以前的时间对孩子来说十分重要。

孩子在3—6岁培养的能力将陪伴他们的一生，影响他们走路的方式、做事的风格等，融入他们的性格里，成为稳定的特征。

3—6岁也是孩子的口音定型期，一旦形成就很难改变。哪怕一个经常使用专业词汇的大学教授，也无法轻易改变他们的口音。

假如孩子在3岁之前因为遭遇一些障碍而导致了精神发展偏离了正常的轨道，那么在3—6岁时还能进行补救，因为孩子此时处于大自然对他们进行心理建设的收尾阶段。

对于孩子来说，3—6岁期间进行感觉教育也很有必要。那么我们应该如何对孩子进行感觉教育呢？

感觉是连接人和环境的媒介，心灵会因为感觉经验而变得更加灵巧。这就好像一个技艺高超的纺织工只要用手摸一摸绸缎，就能判断它的纹路是单线的还是双线的；一个原始部落中的人；就连蛇在草丛中发出的极其细微的"簌簌"声都能听到。

尽管每个人的感知能力不同，但都逃不脱日常生活的影响。**只有让智力和运动协同作用，感觉教育才能得以实现。**

儿童之家里的孩子，不仅动手能力日益增强，还获得了极强的感知外界事物的能力。因此对他们来说，外部世界是越来越丰富的，他们也能够感觉到事物之间更细微的差别。

现在一般学校里有一门课程叫"物体课"。老师会在课堂上让学生列举某一特定物体的特点，比如颜色、形状、纹理等。这个世界上的物品数不胜数，特点也各不相同，但是就每个物品而言，其特点是有限的。这种情况就好比字母是有限的，但是用字母组成的单词则是无限的。我们给孩子提供各种不同特征的物品，就好像给了他们一个字母表，梳理这些物品的特征有助于孩子的大脑形成条理性，帮助他们获得无限的知识，并且为他们了解周围的环境做好准备。

其实，文化不单单是知识的积累，它也能促进孩子个性的发展。对接受过感觉训练的孩子进行教育和对没有接受过感觉训练的孩子进行教育，是完全不一样的。接受过感觉训练的孩子，能够敏感地感知事物的细微差别，例如叶子的形态、花朵的颜色、昆虫的外形等；而没有接受过感觉训练的孩子则无法做到这些。

可见，孩子接触的事物以及他们对这些事物的兴趣，决定了他们能否获得更好的发展。在孩子的成长过程中，有准备的头脑比有好老师更为重要。

想象力和抽象思维对人有重要的作用，既有助于人的心理发育，也有益于语言的学习。我们依靠这两种能力，以字母表为基础，再根据语法规则，就可以衍生出无穷无尽的词汇。

因此，我们在教育孩子的过程中也应该时刻注意培养他们的这两种能力，并且使它们和谐地发挥作用。如果只是单方面地发展某种能力，就会打乱二者之间的平衡，阻碍孩子的正常生活。

孩子的性格

在孩子的第一阶段，也就是0—3岁时，我们常常忽视他们的内在需求，导致他们精神匮乏。成人常常会代替孩子去做一些事情，剥夺了孩子自己做事的机会，这就使得孩子除了对自己手上的东西感兴趣外，常常对周围的其他事物漠不关心，提不起兴趣。新生代父母一定注重培养孩子自己动手做事的能力。

　　孩子的性格及其形成是非常重要的问题。人们从很早之前就非常重视对孩子性格的培养。尽管那个时候的人们并不知道性格到底是什么，也不知道怎样才能培养孩子的性格，但当时的教育理论已经认识到，对孩子的教育不能只包括智力方面和实践方面，还必须包括性格的养成方面。

　　古往今来，人们将勇敢、坚毅、责任感等品质视为美德，始终将道德教育置于重要的地位。然而，很多人至今也没有弄明白道德教育的要点，也没有对性格形成准确的认知。不过，人人都发现了性格教育的重要意义。

　　近些年来，人们主要从身体、道德、智力、意愿、人格等方面来研究性格。1876年，本哈森首次提出"性格学"的概念。作为一门新学科，对性格学的研究逐渐兴起。但奇怪的是，研究者都不约而同地忽视了孩子，只选择成人作为研究对象。如今，我们从孩子身上展开研究，就是在弥补这一缺陷。我们可以肯定的是，只有研究了孩子的自然行为，才能对性格教育产生新的思考。

　　我们的研究工作从孩子出生开始，也就是性格和个性尚未形成的时期，一直持续到他们的性格和个性稳定下来为止。

人类从出生到18岁可以分为三个阶段：0—6岁（我们的主要研究阶段）；6—12岁；12—18岁。每一个阶段又可以分为两个较小的阶段。

我们对这些阶段进行单独研究后发现，在不同的年龄，孩子的心理特征会产生显著的差异，而且不同的个体表现出了不同的心理特征。

我们在前面已经提到，0—6岁是富有创造性的阶段，孩子的性格是从这一阶段开始形成的。这一阶段对于性格发展至关重要，大自然已经为孩子性格的发展奠定了基础，我们成人不能对孩子施加任何外在的影响。

到了6—12岁，孩子对于"好""坏"有了自己的标准，可以评价自己和别人的行为了。在这一阶段，孩子具备了初步的道德感，这是社会责任感的雏形。

在12—18岁时，孩子意识到自己是属于某个民族的，知道了要热爱祖国，也有了荣誉感。

这三个阶段中的每一个阶段都与其他两个阶段十分不同，但是每个阶段都为后一阶段打下了基础。只有前一个阶段进展顺利，下一个阶段才能得到良好的发展。孩子的成长就是如此，只有在一个阶段的需求得到了满足之后，他们在下一阶段才会发展得越好。

一个人出生后的最初几年，对他的成长是非常重要的。出生后两三年内的经历可能会影响人的一生。**如果孩子在生命最初几年里遭受了伤害、暴力或者其他不良的影响，其性格发展可能会偏离正常轨道，表现出不正常的心理或者行为，或者是智力水平低于正常值。如果我们采取一些科学的方法，在孩子0—6岁时提供有益的帮助，就可以及时修正那些不良影响导致的缺陷。**

在儿童之家，每个孩子都有一个专属档案，其中记录着与他们的身体、心理相关的内容，如：父母是否有遗传病，孩子出生时父母的年龄，母亲妊娠期间的情况（有没有生病、突然摔倒等情况），孩子的出生过程是否正常，孩子出生时是否健康，等等。我们还记录了孩子的家庭情况，如：父母对孩子的期望是否过高，父母是否过于严厉，孩子有没有受过惊吓等。了解这些内容，可以帮助老师针对每个孩子的具体情况，采取合适的措施，实施正确的教育。当我们发现某个孩子的性格比较孤僻，或者出现反复无常的行为时，我们就会查看他的专属档案，并从中发现他之所以出现这些表现的原因。

性格缺陷的种类繁多，我们无法一一列举。接下来，我简单地介绍孩子会出现的两种性格缺陷：**一种是可以克服障碍的、强壮的孩子表现出来的缺陷；另一种是在不利的情况下会屈服的、弱小的孩子表现出来的缺陷。**

具有第一种性格缺陷的孩子通常有暴力倾向，他们的行为反复无常，最典型的特征就是不服从命令，也就是我们所说的"毁灭本能"。

　　这类孩子表现出了较强的占有欲，自私、嫉妒，习惯抢占别人的东西。他们很难集中注意力，无法协调地使用双手，经常失手打碎东西；他们也无法安静下来，经常大吵大嚷地打扰和取笑周围的人；他们对待周围的人和动物也不友善，还常常贪吃。

　　具有第二种性格缺陷的孩子则恰恰相反。他们大多被动、消极，喜欢用哭来引起别人的注意，并获得帮助；具有很强的依赖性，总是要求成人照顾他，也容易烦躁；对很多事物都感到恐惧，还经常撒谎（这是一种自我保护的表现）、爱偷东西（这是一种补偿心理的表现）；还可能出现厌食、做噩梦、怕黑等生理上的问题。

　　有性格缺陷的孩子往往不招人喜欢，尤其是第一种类型的孩子，更是让父母头疼。为了摆脱他们，有的父母会把这些强壮的孩子托付给保姆照顾或者把他们送进学校。这无疑会对孩子的行为产生消极的影响。有的父母会想办法纠正孩子的缺陷，他们可能会更严格地要求孩子，甚至是采取打、骂、不让孩子吃饭等措施。但是，这些做法只会加剧孩子的问题，不会产生任何积极的作用。

　　面对第二种性格缺陷的孩子，父母往往意识不到他们的缺陷，因为他们很听话，不会惹事。就连这类孩子对父母的过度依赖，也被视为正常的，父母觉得孩子的依赖正好体现了他们对父母的喜欢和需要。父母可能会说："我的孩子很健康，他只是有点儿敏感和胆小。"直到求助于医生，有些父母才会意识到自己的孩子确实在心理方面出现了问题。

其实，孩子的性格缺陷大多是成人的一些错误做法所造成的。只要我们对孩子的创造性活动有所了解，孩子的很多问题就迎刃而解了。

在孩子的第一阶段，也就是0—3岁时，我们常常会忽视他们的内在需求，导致他们精神匮乏。而且，成人常常会替代孩子去做一些事情，剥夺了孩子自己做事的机会，这就使得孩子除了对自己手上的东西感兴趣外，常常对周围的其他事物漠不关心，也提不起兴趣。新生代父母一定要注意培养孩子自己动手的能力。即使他们可以自己做事了，也不知道应该怎么做，比如他们得到了自己想要的小虫子或小花，却不知道应该如何对待，只会把它们毁坏。

儿童之家的教育之所以成功，就是因为我们及时修正了孩子身上的缺陷。我们允许孩子们自由地发挥自己的潜能，促使他们的心理得到正常的发展。

在儿童之家，我们提供了很多有趣的事物，孩子们可以自由地使用它们。当孩子们被这些有趣的事物吸引，可以集中注意力地进行一项工作时，他们身上的缺陷也就随之消失了。慢慢地，之前被动的孩子会变得主动起来，调皮的孩子也开始懂事了。

这些经验都告诉我们，孩子的缺陷并不是天生的，而是后天才出现的。出现这些缺陷的根本原因就是孩子的精神需求没有得到充分的满足和滋养。

有的父母可能因为孩子的缺陷而感到困惑，在这里，我可以提供一些建议：**让孩子生活在一个有趣的环境里；如果孩子想自己做一件事情，父母就不要打扰他，不要给孩子提供不必要的帮助。**

对于有性格缺陷的孩子来说，父母的任何和蔼或者严厉的态度都于事无补，并不能解决他们的问题。**人类是有智慧的动物，需要建立属于自己的行为模式。如果孩子可以自主地做事情，就能得到自我完善，逐渐弥补心理的缺陷。要记住，道德教育是无法解决孩子的性格缺陷问题的。不管是说教、威胁，还是利诱，对孩子来说都是无效的。孩子需要的是正常的生活环境。**

我们仔细观察儿童之家的这些孩子之后，发现了他们具有某种纪律性，这让我们感到很惊讶。**只要给孩子提供一个能自由活动的环境，他们就能养成纪律性。**这一点通过我们在世界各地的教育实践都得到了证明。需要说明的是，**有一种例外的情况，那就是面对懒惰的孩子时，我们不能强迫他做事情，而是应该给他们准备一个合适的环境，让他们有目的地做一些事情就足够了。**

当孩子专注地做自己的事情时，内心好像萌发了一种力量，与外界的事物或者活动紧紧地联系在一起，促使他们不断地重复自己的行为。

人体是一个整体，需要根据自然规律，从现实生活中汲取积极的经验，来促进自己的成长。

3岁之前，人体的各个器官是独立发展的；到了3—6岁，手开始在大脑的控制下进行工作，各个器官会慢慢地联合成一个整体，和谐发展，协同工作。如果某种外部因素阻碍了这一过程，那么身体内的某种力量仍然会发挥作用，促使身体里的器官各自单独成长，这样就会导致各器官发展不平衡，最终无法协调地工作。如果出现了这一状况，孩子就会漫无目的地进行活动，变得懒惰而散漫。此时孩子的内在需求没有得到满足，内心充满冲突和绝望，最终无法正常成长。

要想纠正这些问题，就要设法让孩子身体的各部分协调起来，为整体服务。如果创造一个适宜的环境，孩子的注意力就会被这个环境吸引，进而自主地在这个环境中进行创造性的活动。慢慢地他的性格就会趋于稳定和正常。

孩子可以通过自己的努力工作促使自己朝着正常的方向发展。这是我通过多年教育实验获得的最重要的结论。我们将孩子身上表现出来的这种现象称为"正常化"。这一事实现在已经被人们接受了，《儿童门诊指南》一书就应用了这种理论。

《儿童门诊指南》中指出：**要为孩子创造一个能自由做事的环境，让他们在这种环境中根据自己的需要选择想做的事情；在这一过程中，成人不能干预孩子的决定。**

当然，这种理论只提供了治疗"有缺陷的孩子"的方一种法，是远远不够的。我们还要对孩子进行深入的研究，了解"工作与自由能否治疗孩子成长中的缺陷"。

事实上，一些有缺陷的孩子即使被治愈了，一旦回到原来的生活环境中，就会前功尽弃，缺陷又出现了。这种情况屡见不鲜。之所以会这样，都是原本的生活环境中缺少让孩子正常发展的动力和机会。

有些国家的老师会努力营造一种看似自由的氛围，让学生身处其中进行活动。可是这些老师打造的"自由"环境是有局限性的，因为他们并没有真正理解"自由"的含义，片面地认为"自由"就是摆脱束缚。

其实，这样的"自由"只是对压迫的一种反抗。在这样的"自由"环境下，孩子只会设法发泄自己的情绪，因为他们此前都处于成人的控制之下。

我们可以压迫弱者，要求他们屈服，但我们不能强制他们成长和发展，孩子的成长和发展不是通过学习获得的，而是通过自己的工作和训练获得的。

孩子的正常发展，依赖于一些符合其心理发展规律的工具。如果他们能够集中注意力，合理、准确地使用这些工具，就可以促进自己运动协调能力的有效发展，也有助于其心理的正常发展。 然而，如果孩子不能集中注意力，漫无目的地使用这些工具，就达不到消除缺陷的目的。

当孩子处于适宜的环境中时，他们就会表现出自发的纪律性，持续、愉快地进行工作，不容易感到疲倦，也会愿意帮助他人。对孩子这样的表现，我们可以说，他们正在寻找一条自我完善的道路。纪伯伦有句名言，或许可以完美地诠释这一点："工作是爱的显现。"

　　现在我们已经知道，孩子的性格是由自己塑造的，而不是由成人塑造的。在孩子6岁之前，成人能够做的是为孩子适时地提供科学的帮助。**过了6岁之后，孩子不再能自然而然地塑造自己的性格了，并且很难接受成人的想法，这时成人就需要采取一些措施，间接地对孩子施加影响，例如说理、劝告等。**

　　总的来说，一个人的心理构建主要是在婴幼儿时期完成的，如果在这一阶段没有形成良好的性格，以后就很难形成了。我们要让孩子遵循自然规律来形成和发展自己的性格，为他们创造合适的环境和机会。要做到这一点，我们需要改变传统的教育方式，避免人为因素影响孩子的发展。

　　社会上存在很多阻碍孩子成长和发展的屏障，只有拆除了这些屏障，孩子才能恢复正常发展。新式教育是一场没有暴力的革新，如果它能取得胜利，那么地球上就再也不会有真正的暴力革命了。

专注力与
占有欲

随着专注力的发展，人
类性格中的另一个优良特性
也会随之出现，那就是韧性。
只有专注地工作及做事，才
能激发孩子对环境的爱和对
知识的占有欲，挖掘他们内
心潜藏的美好本性。

通过对儿童之家的观察和研究，以不同年龄段的孩子们表现出来的行为和兴趣作为素材，我们就会发现孩子的行为和人类的特征有很多相似的地方。

事实上，孩子身上表现出来的是一个建设性的过程，如同大自然中毛毛虫发育到特定阶段所表现出来的过程一样。毛毛虫发育到特定阶段以后就会离开树叶，留在茎秆之间；紧接着，它们会吐出纤细而透明的丝，这代表它们开始结茧了。

通过对孩子行为的观察，最初受到我们关注的就是他们会用心地重复完成某件事情。

在我们的儿童之家有一个3岁半的小女孩，她注意力集中的程度令人非常诧异，无论周围环境中有多少纷扰嘈杂，都无法影响她，她只会集中注意力做自己的工作。在我们的认知里，只有天才才会有这种专注力，这种罕见的专注程度，即使是成人也很少能做到。不过以这个小女孩的年龄来看，她似乎还称不上是天才。接着，我们发现很多孩子身上都具备这种神奇的专注力，这个发现对于我们而言非常重要。

集中注意力对孩子的成长是非常重要的，如同罗盘对于导航的重要性一样。**孩子们的正常发育与他们的专注力紧密相关。**当然，每个人集中注意力的方式可能不太相同。

注意力不集中的孩子非常容易被环境所影响，周围的每一件事物都对他们充满了吸引力；**而只有集中注意力做好一件事，孩子们才能成长，静下心来安排自己的生活。**就拿成人来说，如果频繁地跳槽，就很难找到适合自己的工作，无法专注于一件事情，不断精进自己某一方面的能力，他们也就很难获得成功；**而一旦明确了目标，并为此而持续努力，最终一定会获得成功。**

我们都很认可专注力的重要性，并且一再对大学生强调专注力的意义，尽管这种劝诫的效果并不理想。

成人尚且无法控制自己，更何况是3岁的小孩子呢？**孩子是无法控制自己的注意力的，他们的专注来源于自己的内在力量。**

孩子可以集中注意力这件事情为心理学研究提供了新的素材，由此我们可以深入了解人自身性格的成因。

大自然赋予了孩子兴趣，推动孩子去完成一些创造性的工作来促进自己个性的发展。随着专注力的发展，人类性格中的另一个优良特性也会随之出现，那就是韧性。我们通过观察知道，孩子们总是会重复某一个动作或者活动，对此我们找不到任何显而易见的目的，可以推断这种行为是受到某种内在目的的驱使。

当孩子专注的时候，会重复做某件事，而这个过程会起到巩固既有技能的作用，从而形成其他的性格特征。在这个过程中，发挥作用的并非成人的劝诫，而是大自然的力量。

其实孩子不断地重复一项工作还有另外一层含义，那就是证明孩子具有完成那件事情的能力。**在我们儿童之家，孩子们可以自由地选择自己想做的事情，并且重复地完成，以此来证明自己拥有这种能力。**

对于成人来说，如果不明确自己的目标，就很容易得到"缺乏能力和意志力"的评价。相应地，**如果一个人目标清晰，就会被人认定为意志坚定，并且很有能力。**

成人的行为是其思想的体现，孩子的行为则会受到大自然规律的影响。为了锻炼自己的能力，孩子不会以他人的要求来作为标准，而是遵从自己的内在力量。而当这种内在力量被束缚和压抑的时候，他们的专注力和意志力的发展也会受到相应的阻碍。由此可见，成人要尽量避免给孩子带去阻碍和限制，避免给孩子带来不良的影响。孩子也会不由自主地努力摆脱成人的控制。这是符合大自然的规律和逻辑的，那些针对孩子的能力发展的研究也说明了这一点。**孩子的行为并不会遵循逻辑推理，大自然的规律已经为他们铺设了正常发展的轨道。**

其实人的发展和动物的发展很相似，都会尽力摆脱成年个体的控制，沿着自然规律铺设好的轨道前行。在这个过程中，**人类一定要遵循自然规律，这样才可以构建并且完善自己的个性，从而健康地成长。**

由此可见，人类的心理发育至成熟依靠的是自然规律，而非人为教育。这是一种大自然的创造工作，而不是人类自己的成就。那些因为受到阻碍而没有得到完全发展的孩子，如果后期努力，依然可以恢复正常，但那些缺失的个性也可能会重新显现，这也说明了自然规律的力量。

作为一种被压抑的心理，孩子的占有心理，恰好从另一个方面证明了上述的观点。

正常发展的孩子可以根据自己的想法，自由地选择想做的事情，那个时候他们的注意力并非在事物本身，而是通过对事物的观察得到信息和知识。因此我们也可以得知，孩子的占有欲不是一成不变的，而是不断变化的。

我们通过观察会发现，部分孩子得到了自己想要的东西以后，会轻易地弄坏它们，仿佛他们天生就拥有破坏欲。其实这种表现也不难理解，因为没有什么东西能让人长期保持兴趣。比如，生活中常用的手表，成人会依靠它来确定时间，而孩子们不懂得时间的意义，经常在拿到手表后又弄坏它；那些年龄大的孩子或许知道手表的用处，但是当他们拿到手表的时候，也许更加吸引他们的是手表的工作原理，而不是手表本身。这个例子足以说明，**孩子们的兴趣并不在于物体本身，而是希望对其获得更深入的了解。**

孩子的占有心理的第二种表现，就是努力了解事物的工作原理。比如孩子去摘花，如果他又把花扔了或者是弄烂了花瓣，那说明此时在孩子的心里占有欲和破坏欲同时存在。但是**如果孩子了解了花的内在构造和功能，他们就会专注地对花进行观察和研**

究，而不是一味地进行破坏。换句话说，孩子想占有的是与花相关的知识，而非花本身。

同样的道理，孩子在捉住蝴蝶之后可能会伤害它，但是如果他对昆虫和其在大自然中充当的角色感兴趣的话，他们就不会这样做了，而是会用心地观察蝴蝶。

孩子们受到环境中事物的吸引，并且想更深入地了解这些事物，这表现了他们对于知识的占有欲。孩子们热衷于探索和研究，好像"深深地爱上了周围的环境"。这种深沉的爱，会引导孩子小心、谨慎地对待周围的事物。这种对知识的占有欲，也会引导孩子向更高级的精神层次发育，从而推开知识的大门。

好奇心是激发人们进行科学研究的动力，在孩子身上也体现了这一点。好奇心会引导孩子去观察和研究事物本身，并且这种观察和研究还会延伸到其他相关的事物上。

我们仔细地观察了一番，发现在我们的儿童之家，**孩子们对知识的占有欲会转变成对事物的爱护。**他们非常爱护自己的作业本，总是将本子保持得干净、整齐，不乱撕也从不涂抹。历史上那些功成名就的人都热衷于追求美好，他们尝试了解生命的真谛，并通过自己的智慧尝试保护生命，促进其发展。比如，农民们勤勤恳恳地照看亲手种植的农作物和饲养的动物，科学家们则会全身心地投入科学研究之中……**人性从最开始的占有欲和破坏开始，最终转化为不自私的爱和对他人的周到礼貌。**

在儿童之家，那些小时候经常破坏植物的孩子，会慢慢地转变态度，改为细致地观察与呵护植物。**他们之所以会有这么大的改变，是因为他们内心有了一种崭新的意识，内心的情感得到了升华**。

孩子破坏东西的行为并不会因为成人的说教而有所改善。有时候，成人会因为孩子对物品的占有欲而对其进行说教，但效果并不理想，孩子很快就会重复之前的行为。**只有专注地工作及做事，才能激发孩子对环境的爱和对知识的占有欲，挖掘他们内心潜藏的美好本性**。

可以说，**孩子创造了人类的精神世界，揭示了人类成长和发展的自然规律**。对于人类而言，**物理学、植物学以及各种手工作品都没有人类的意志和精神重要，社会会随着人类意志的完善而不断进步**。孩子的精神在成长的道路上，必须设法摆脱来自成人的压抑和控制，否则就会阻碍全人类的精神发展。

孩子的
社会化发展

　　不论有多少个孩子，我
们都应该提供数量有限的学
习用具；而且每一种用具都
只有一个，如果这一个正在
被其中一个孩子使用，那么
其他想使用的孩子就必须
等待。

　　集中注意力是孩子成长过程中非常重要的一环，更是其性格形成和社会行为诞生的基础。对于孩子而言，学会集中注意力是非常有必要的。为了达到这个目标，孩子们必须找到能令他们集中注意力的事物。

　　前面提到过，外力或者他人的说教都无法让孩子集中注意力，他们必须自我调节，从心理上做好准备。这正是我们学校的教育目标，在我们看来，学校就应该是一个能让孩子集中注意力做事的地方。

　　封闭、零干扰的环境有助于集中注意力。在日常生活中，如果人们想集中注意力，都会寻觅一个安静的、封闭的地方，比如图书馆、书店等。在绝对安静的场合中，我们更容易集中注意力，促使某种性格的形成。

　　在现代社会，孩子都是5岁以后才入学，这就导致很多孩子错过了性格形成的最佳时期。而我们的学校恰恰给孩子们提供了一个封闭且安静的地方，帮助孩子们逐渐形成自己的个性。

　　当我首次提出为孩子们专门建立封闭的环境时，引起了很多建筑师、艺术家以及心理学家的兴趣，其中一些人还就建筑物的各个细节与我进行了专门的讨论，以便达到能帮助孩子们集中注意力的效果。

我们要建的学校不仅仅是孩子们的庇护所，还有更为深远的心理学意义。它的价值不仅在于外形、颜色等，还在于我们能为孩子提供的用具。

我们将这些用具放在孩子们触手可及的位置，方便孩子们更容易集中注意力。

摆放孩子们的用具也需要遵循一定的规律。

在我们学校，我们会先在孩子周围提供一部分用具，供他们选择；接着，我们会根据孩子的选择，留下他们愿意使用的用具，拿走他们从未用过的用具。

而我们提供的这些用具，并非由一家或几家学校总结出来的，而是世界各地的学校一起总结出来的。

至于最终留下哪些用具，这是由孩子们自己选择的。我们发现，在提供的这些用具中，有些东西孩子们非常喜欢，而这些东西也被认为对孩子的发展非常重要。

同时我们也发现，有一些用具，孩子们几乎不会去碰，其中有一些东西甚至超出了成人的认知，这是我们完全没有想到的，比如一些玩具，在这一点上不分国籍。如果一个正常的孩子可以有自由选择的权利，我们就会发现，这些孩子的选择通常都是一样的——譬如昆虫、花儿之类的东西，由此说明他们很需要这些东西。

实际上，孩子们所选择的东西都是有利于他们成长的。最初我们为孩子准备了很多种颜色的学习用具，但是孩子们永远都是选择一种，也就是颜色线轴。在世界各地都出现了相似的情况。

不论在任何国家或地区，我们都给予孩子们充分的自由去选择物品的权利，而全世界的孩子都会选择相似的物品。这就反映出了一些社会生活方面的问题。**我们不应该给孩子们提供过多的物品，如果他们面临的选择过多，就会出现选择困难。因此，不论有多少个孩子，我们都应该提供数量有限的学习用具；而且每一种用具都只有一个，如果这一个正在被其中一个孩子使用，那么其他想使用的孩子就必须等待。**

如此，孩子们就会养成另一种重要品质——等待，他们必须等待其他人用完之后才能使用。这种需要等待的情况会在生活中反复发生，促使孩子养成等待的习惯，引导他们的性格日益成熟，这样才能帮助孩子更好地适应社会。社会是一个整体，无法按照所有人希望的方式运行，但与此同时，它的稳定又寄希望于各个社会成员之间能和谐相处。

通过这些等待的行为，孩子还会养成另一种优秀的品质——耐心。一旦拥有了这种优秀的品质，其他的优秀品质也会自然而然地形成，例如谦让和宽容。

单靠口头教育的方式，我们是无法让一个3岁的孩子形成这些优秀品质的。**这些品质是孩子们依靠真实的生活经验和体验形成的。**

然而，其他学校的孩子会出现争抢物品的行为。大家都感到很惊讶，我们学校的孩子们却如此有耐心！

如此鲜明的对比自然引起一些人的疑问："为什么你们学校的孩子如此听话？你们都做了什么，让孩子这么懂事？"

其实，孩子们的表现并非我们教育的成果，而是因为我们精心营造了一个合适的环境，并且给孩子们提供了自由。在这些因素的影响下，孩子们通过自己的努力形成了那些优秀的品质。

在孩子们生命的第一阶段，如果在进行活动时总是被成人干涉，那么他们的发展也会受到阻碍。

当一群孩子排好队往前走时，突然有一个孩子冲出了队伍，走向相反的方向，矛盾就此产生。成人看到这种情况，第一个想法就是抓住那个冲出去的孩子，让他回归队伍。实际上，孩子们自己有解决问题的方式，这个方式也许与成人的不一样，却是他们内心最认可的方式。

类似的问题会出现在孩子发展的各个阶段，如果成人强加干涉，只会让孩子压抑。反过来，如果我们放任孩子们自由选择，他们就会用自己的方式去活动，并通过活动获取相关的社会经验。孩子们会借助这些经验来正确处理他们所面临的某些问题，这一点是成人无法给予助力的。

在面对孩子的问题时，即便是老师用的方式也可能与孩子的不一样。如果强行干涉孩子的行为，就会破坏整个儿童群体的和谐。所以，除非是非常特殊的情况，在一般情况下，老师们都应该让孩子自己去解决问题。

对于孩子的行为，我们应该尽量秉持客观的态度去观察和研究，因为整个社会的秩序正是建立在这些日常经验的基础之上的。

那些传统学校的老师对我们学校培养孩子社会行为的教学方法并不了解，在他们的认知里，我们使用的是学术方法，而不是社会学方法。他们的内心可能会有这样的疑问："如果孩子们在学校里都按照自己的想法行事，整个学校教学与生活岂不完全乱套了吗？"

实际上，如果社会问题长期存在的话，那又何来社会生活呢？又该如何维持孩子正常的社会行为，保证他们在追求自己目标的同时又不影响他人呢？

在那些传统学校老师的认知里，孩子的社会生活就是规规矩矩地坐在一起，安安静静地听课。

真实的情况恰好相反。在我们的学校里，孩子们都专注于自己的工作，互不干扰。当一个班级里的孩子很多时，不同的孩子会显示出不同的个性，孩子们也可以借此获取更多的社会经验。

究竟怎么分班才能得到如此和谐的结果呢？这些班级里的孩子经过了一定的筛选，然后才随机进入了各个班级。

在我们的一个班级里，孩子们的年龄并不完全一样，从3岁到6岁都有。而在其他传统学校中，除了碰到年龄大的孩子因为成绩不理想而留级以外，他们很少会采用混龄分班的方式。

　　我们的老师也曾建议过采取同龄分班的方式，然而实践证明，这种安排存在很大的问题。班级就好比一个大家庭，如果一个母亲有6个孩子，且年龄不等，那么照顾这6个孩子并不算困难，但如果照顾一对双胞胎，可就麻烦多了。试想一下，双胞胎总会有同样的需求，这会令母亲很烦恼。而不同年龄的6个孩子可以互相陪伴，母亲也会感觉轻松很多。应付一个孩子很难，并非是因为他们惹人烦，更多的是因为他们缺少伙伴。就好像很多父母会觉得二胎比头胎的孩子好养活，大家普遍认为是因为养二胎时已经有了经验，实际上却是因为二胎有了第一个孩子的陪伴，所以更好照顾。

　　社会生活的迷人之处正是我们能接触到各色各样的人。所以，无论是成人还是孩子，按年龄来进行分类是一种非常冷酷无情的做法。这样做不仅会打断社会联系，也使得人与人之间失去了互相学习的机会。

　　由此可见，传统学校按性别和年龄分班的做法并不可取，甚至会引发其他更为严重的问题。这种"理所当然"的隔离方式，会严重阻碍孩子社会意识的发展。

　　在我们学校，采用的是混龄分班的方式，也没有区分性别。其实是否按性别分班并不重要，最重要的是将不同年龄的孩子安排在一个班级里。因为这些年龄不同的孩子经常会互相帮助、共同进步，年龄小的孩子可以观察年龄大的孩子的行为，并且让年龄大的孩子帮他们讲解一些东西，而这些年龄大的孩子也非常乐意帮忙。这种做法非常重要，因为孩子之间的思想更接近，比如5岁孩子与3岁孩子的思想，远比一个成人与3岁孩子的思想更接近，所以他们之间交流起来更容易，也更便于互相学习。

对于一个3岁的孩子而言，有时候老师很难让他理解的一个知识点，一个5岁的孩子却能轻易地让他明白，因为这两个年龄段的孩子之间存在着一种很自然的心理联系。对比成人做的事情，3岁孩子显然对5岁孩子做的事情更感兴趣，因为5岁的孩子能做的事情与3岁的孩子相差并不大。

这样一来，年龄大的孩子自然而然地就成了年龄小一些的孩子心目中的英雄。这些小孩子会出于仰慕的心理，去模仿并重复大孩子所做的事情。

而在传统的学校里，一个班级里通常是同年龄的孩子，聪明点儿的孩子也许能教其他的孩子，可是老师通常不允许这种情况发生。这些聪明的孩子唯一能做的，就是在别的孩子无法回答老师提出的问题时替他们回答，但是这样一来，聪明的孩子就会引来其他孩子的嫉妒。

如果孩子之间存在年龄差，就不容易发生这种嫉妒的情况。年龄小的孩子不会因为年龄大的孩子回答出了问题而觉得羞愧，因为他们知道假以时日，自己也一定能回答出这样的问题。**这种在不同年龄的孩子之间产生的爱和敬仰，是一种真正的兄弟之情。**

在传统的学校中，升学的唯一办法就是竞争，而竞争容易导致同学之间的嫉妒、怨恨和羞愧等负面情绪。这种环境会让孩子变得自以为是，并且控制欲极强。**而在我们的学校，年龄大的孩子认为保护年龄小的孩子是理所当然的事情，大的帮助小的，小的崇拜大的，互帮互助，共同进步，班级就会非常团结。**

在传统的学校里，孩子们之间最常谈论的是"XX 得了第一""××成绩倒数第一"这样的话题，这种环境不利于孩子之间培养感情和相互学习。

可能有的人会质疑：一个 5 岁的孩子为一个 3 岁的孩子解答问题，会不会影响这个 5 岁孩子的成长？这种担心其实是多余的。首先，年龄大的孩子并不是把所有的时间都花在为年龄小的孩子答疑解惑上，小孩子会充分尊重大孩子的自由。其次，这种讲解的过程其实会帮助大孩子巩固这些知识。为了讲解清楚，大孩子必须提前对知识进行分析和整理，这样他们就能更牢固地掌握这些知识了。

同时，在我们的学校，我们并没有完全分开 3—6 岁孩子与 7—9 岁孩子的教室。这样做的话，小一点儿的孩子可以随时到大一点儿的孩子的教室里去，并且向他们学习。教室与教室之间的分隔墙只到及腰的高度，我们并不会对孩子们进行约束，因此他们能轻易地从一个教室跑到另一个教室。

不过，即使 3 岁的孩子跑到了 7—9 岁孩子的教室，他们也不会在那里待很长的时间，因为他们在那里并不能找到对自己有用的东西，他们与大孩子相比，能力还是有差距的。比如，当看到

9岁孩子正在求平方根的时候，3岁孩子会好奇地询问这是什么，而9岁孩子的解答完全无法让3岁孩子理解，那么3岁孩子就会跑回自己的教室，因为那里才有他们感兴趣的东西。

当然，对比3岁孩子，6岁孩子更容易理解9岁孩子的讲解，那么他们就能在9岁孩子身边待得久一点儿，收获也会多一点儿。

也就是说，**在我们的学校，孩子们既有自己的固定教室，也可以去不同年龄段的教室自由互动，学习新的东西。他们可以互相陪伴，一起进步。**

正是因为这种安排，我们才会发现，原来八九岁的孩子可以理解平方根的意义，并对代数产生了兴趣。他们已经有足够的能力去理解12—14岁的孩子求解平方根的过程，并设法去学习。由此可见，**孩子的发展不止依靠年龄的增长，更依赖于是否获得了足够的自由，可以观察并理解他人的行为。**

我们学校的教学方法是非常灵活的，深得孩子们的欢心。在这里，小一点儿的孩子可以通过理解大孩子做的事情而获得快乐，而大一点儿的孩子也可以通过向小的孩子讲解他们了解的东西而获得快乐。**孩子们不分年龄大小与高低贵贱，通过互相学习就可以实现健康地成长。这一切都说明，我们的学校之所以能获得现在的成功，就是因为我们的教育遵从了自然的规律。**

如果我们想要了解社会的真正秘密，可以通过研究孩子的行为和他们在自由环境中的关系来达到目的。

社会的秘密非常微妙，我们需要从心理学的角度去仔细观

察。这些秘密一般都会引起人们很大的兴趣，因为它们能反映人类的本性。

我们可以将我们的学校当作一个心理研究实验室，只是它并非常规的心理研究所，而是专门针对孩子行为的观察中心。

前文提到，孩子可以自己解决问题，但是我们没有说明他们为什么能这么做。**我们通过从旁观察孩子们的行为，并给足他们自由的空间，就会发现其实孩子们互帮互助的方式和成人不一样。**

如果一个孩子正在搬运一个很重的东西，其他的孩子并不会立刻去帮助他，他们会尊重这个孩子的努力。这些孩子们只在必要的情况下，才会对别人提供帮助。孩子们的表现正好启发了我们：**孩子们对他人的内在需求会给予十足的尊重，不会提供不必要的帮助。**

有一次，一个孩子不慎将一套含100件木质几何图形和卡片的用具打翻了。这时，教室窗外刚好经过了一个乐队，所有孩子都被吸引到窗口观看，除了这个孩子，他想先整理好被打翻的几何图形。

这个孩子非常努力地想将这些几何图形归位，可是别的孩子都没有提供帮助。这个孩子哭了起来，因为他想快点儿收拾好了去看乐队演出，这时有部分孩子关注到了他，就跑回来帮助他一起收拾。

孩子们通过自己的判断，觉得这个孩子需要帮助时才过来。

但是成人大部分时候都不具备这种判断能力，所以他们常常会提供不适宜的帮助。比如在公共场合，男士为了展示自己的风度，会帮女士挪动餐椅或扶女士下楼，但这些帮助其实并不是女士真正需要的。现实的情况常常就是这样：当他人不需要帮助时，成人提供了帮助；而当他人真正需要帮助的时候，成人却有可能袖手旁观。所以成人的帮助总是不合时宜。

孩子无法从成人身上学到任何东西。他们只会在别人需要的时候提供帮助。当孩子们面对那些不遵守课堂秩序的人的时候，表现得更为有趣。比如班级里来了一个新生，他还没有适应这个新环境，所以坐立不安，甚至做出各种小动作，打扰了其他孩子。在这种时刻，老师通常会对这个新生说，"不能这样""别打扰别人"或者是"你别淘气了，听话"。

但是孩子们对待新生的态度就截然不同。他们会走到新生的面前，对他说："你真淘气！但是不用担心，我们一开始也是这样的。"

他们知道新生的做法是错误的，但他们并不认为他是故意如此的。不仅如此，他们还会努力安慰这个新生，希望激发他的优秀品质。

如果我们也能耐心地对待那些不道德的人和有过前科改过自新的人，并用爱心安抚他们，我们的世界将会多么美好！

这些人之所以做出不道德的行为，或多或少是出于生理或者心理上的原因，有可能是受到原生家庭的不良影响，也有可能是出生时受到了不良因素的影响。**在面对这些人的时候，我们应该满怀同情，并为他们提供帮助，这样才有利于社会的和谐发展。**

当孩子做了错事，比如打碎了花瓶时，他们自己也会觉得羞愧难当，并不会因为做了错事而感到开心。可是每当发生这样的事情，大部分父母的第一反应大多是："你太调皮了！我说过多少次了，不要碰不要碰，你就是不听！"这种做法显然是不对的。

如果孩子面对同样的事情，他们会做何反应呢？他们会第一时间跑到做错事的孩子面前，安慰他："没关系的，我们可以再找一个花瓶。"然后帮助这个孩子收拾打碎的花瓶。

孩子们具有帮助、鼓励、安慰弱者的天性，这种天性会促进社会的发展。实际上，人类社会进步的重要标志就是帮助弱小，而非欺压弱小。医学就是借此基础发展起来的，医学不仅能帮助弱小，更能帮助人类自己。

扶持弱者是一种优秀的品质，更能促进整个社会的发展，孩子身上就具有这种品质，这种品质不仅体现在对待弱小的时候，更体现在他们对待动物的时候。

通常，我们都认为孩子只有在成人的说教下才会尊重动物。这种观念自然是错误的。**一个正常的孩子拥有保护动物的本能。**

我们在拉伦的学校养了一只山羊，我每天都会给它喂食。每次喂山羊的时候，我习惯性地将盛食物的器皿拿得很高，山羊必须抬起前腿才能吃到。久而久之，山羊也习惯了甚至爱上了这样的喂食姿势。

有一天我在给山羊喂食的时候，一个孩子跑了过来，他用双手托起了山羊的肚子，帮助它站得更稳。很明显，他是看到了山羊的站姿，觉得这样站立会很累，所以才会来帮助山羊。这正是孩子善良的表现。

在我们的学校，孩子们对强者只有尊崇和赞美，这在其他的学校中并不常见。比如，孩子们在学写字的时候，面对第一个写出单词的孩子，其他孩子会替他开心并致以崇拜的目光，并且他们也会努力学习，告诉自己"我也可以"。一个孩子的成功会激励其他孩子一起努力。

我们在书写课上经常会看到，一群孩子都想让老师看看自己写的字。他们是如此兴奋，开心地嚷嚷着，甚至吸引了楼下的人（我们的教室在顶楼）都好奇地跑上来看个究竟。这时，我们的老师只得对大家解释："我们的孩子学会写字了，他们太兴奋了。"

孩子们之间产生了集体荣誉感，得益于这种高尚的情感，整个班级也会更加团结。

由此可见，**当孩子的情感足够高尚的时候，个性就会正常地发展，他们就能感觉到人性之间的吸引力**。比如年龄大的孩子照顾年龄小的孩子，老生照顾新生，都是这种吸引力的体现。

相比有意识的行为，有吸收力的心灵更容易凝聚整个社会，这是我们可以观察到的。

孩子在社会中的成长其实与生物学中细胞的成长相似，都会经过一个胚胎的过程。**孩子自身也会逐渐意识到，自己的行为对促进社会发展的意义。他们会开始全心全意地工作，而不只是出于兴趣。一旦到达这个阶段，孩子们就不会只看重自身利益，而是会将群体利益放在首位。**这与原始社会的"家庭意识或部落意识"有相似之处，大家都一样，**个体的存在就是为了群体更好地生存。**

这种现象刚开始显露时，我们深感震惊，因为它们不被任何行为所左右，而是完全独立地发展。这种现象的出现没有任何征兆，就像孩子到了一定的年龄就会换牙一样。

在自然的发展和潜意识的支配下，孩子会自发地生成集体意识，我将之称为"社会单位的凝聚"。

我们常常被孩子的行为所震惊，比如：阿根廷大使听闻，在我们的学校里，四五岁的孩子可以自觉地读书、写字，即使没有老师看管，他们也可以遵守秩序。大使觉得不可思议，决定对学校来一个"突然袭击"——他在没有预约的情况下直接来学校参观。刚好那天是学校的休息日，孩子们都不在学校。我们这所学校开在工人区，孩子们都住在附近。正当大使抱怨没有看到孩子们时，刚好被一个在院子里玩的孩子听到了，他猜想大使是来学校参观的，便对大使说："您别担心，虽然学校关门了，但是看门人那里有钥匙。而且孩子们都住在这个街区，我可以把他们叫过来。"很快，班上所有的孩子都来了，学校的门也打开了。这一切，我们的老师到第二天才知道。

这个例子正好体现了孩子的集体意识，每个孩子都可以为了集体而不求回报地发挥自己的力量。

孩子的集体意识既不依赖于竞争，也不能依靠灌输的方式来形成，它是孩子自身努力的结果。

考格西尔曾经说过："孩子的早期行为是由自然规律决定的，并且只能通过孩子与环境的互动来发展。"由此可见，**是自然规律决定了孩子的个性和社会生活，而这种自然规律必须通过合适且自由的环境，以及孩子的行为表现出来。**只有通过自己的行为，孩子才能在自然发展的过程中向我们展示出社会生活必经的各个阶段。

这与美国教育学家华什伯恩提出的"社会综合体"的概念不谋而合。华什伯恩提出，各种教育都应该以"社会综合体"为基础，它们同时也是社会革新的重要影响因素。

当个体意识到自己属于集体的时候，"社会综合体"就会出现。这个时候，个体就会将集体利益放到首位，而非将个人利益放在首位。

华什伯恩用牛津和剑桥大学的赛艇为例解释这个理论：

"赛艇上的每个人都会竭尽全力，而他们努力的目的并非个人荣誉，而是集体荣誉。

"当这种心理意识成为全社会的共识时，每个个体都将集利益放在首位，为集体利益鞠躬尽瘁，那么我们的社会风气将会完全改变。

"这种凝聚力在我们的社会中十分匮乏。学校应该培养孩子的凝聚力，一旦缺失凝聚力，人类的文明就会毁灭。"

孩子是人类社会中唯一不缺乏凝聚力的群体。这种凝聚力受到自然力量的引导，我们必须珍惜。而且孩子之间的凝聚力与成人社会的凝聚力是不一样的，千万不能混淆。**孩子身上的凝聚力是社会胚胎最神奇的创造。**

6岁之后，孩子就会进入另一个阶段——以意识为基础的存在形式开始出现。孩子们开始渴望了解行为所遵循的规律，并期待领导者的出现。而服从领导、遵规守纪正是社会组织链接在一起的前提，这种服从意识早在前文提到的精神胚胎阶段就已经开始形成了。

英国心理学家麦克杜格尔曾对六七岁孩子的群体做过研究，并得出一个结论，那就是这些孩子似乎受到了群体的本能驱使，会服从那些比自己年龄大的孩子。那些被人遗弃的孩子会自发地组成一个群体，来反对成人的权威或规矩，而这种集体的需求在一些特定时刻或许会转变为叛逆的心理。

然而，麦克杜格尔所谓的"群居本能"和前面我们所说的孩子的凝聚力是有区别的。**我们成年以后形成的各种社会形态都是在有意识的状态下完善起来的，这不仅需要规矩，更需要一个人依照规矩来领导大家，这个人可以是一个首领，也可以是一个受人尊重的人。**

人类渴望在群体中生活，这也是一种本能的需要。在集体生活中，每个人都会显示出不同的性格成长过程。我们可以用印度农民在家庭里进行手工织布的工作情况来进行对比说明。

首先，我们要关注棉花秆上生出的棉花桃的状态。相应地在社会生活方面，我们首先要考虑的就是新生儿及其家庭环境。

其次，我们要将棉花清洁干净，并将棉花与黑色的种子分开。甘地乡村学校的孩子们就很擅长这样的工作。在社会生活中，我们会将来自不同家庭的孩子聚集在一起，然后纠正他们的缺点，帮助他们正常地成长。

接下来，我们开始纺纱。这就好像人们在社会生活中，投入群体中生活、工作，并且渐渐形成自己的个性。只有纱纺得好，用它织成的布才会结实。也就是说，棉纱的质量决定了纺织品的质量，如果棉纱纺得一般，那织成的布也没用。

再接下来，我们将线整理好，平行地放在织布机上，并用小夹子夹紧线的两端。此时，我们整理好线的还不能称为布。当然，如果没有经线，我们也不可能织出布。如果经线断了，或者位置和方向没有摆放好，那织布的梭子就无法准确地在经线之间穿梭最终织成布。经线的作用就如同社会凝聚力。孩子以自然规律和特定框架的制约为基础，出现一定的行为，促使孩子互相合作，最终形成一个社会群体。

真正的织布工作即将开始，梭子在经线之间来回穿梭，将线牢牢地固定在一起。而在社会生活中，织好的布就如同在法律和制度控制下组成的有组织的社会。

现在，织好的布可以投入使用了。它的经线、纬线已经固定，结构不会再发生变化。**如果在社会中，每个人都只看重个人目标，而不顾及别人和群体目标，就无法形成真正的社会。群体组织才是社会组成的基础。**

社会的组成不完全依靠组织，也不完全依靠社会凝聚力，而是需要二者相互作用。其中，组织是基础，致力于服务社会。如果法律和政府无法约束个体为群体目标服务，那它们也无法让大众团结一致、和谐共进。个体的发展水平、心理承受能力及个性，影响着群体的强健水平和活跃程度。**个体形成集体必须依靠凝聚力。**

社会秩序需要在自然规律的作用下自发形成。同时，社会秩序具有连续性，是一种自然现象。人无法与大自然抗衡，所有违反自然规律的人都会成为历史的罪人。由此可见，**成人也不能控制孩子在凝聚力上的创造能力，这也是与大自然的规律抗衡。**

即便是成人的凝聚力，同样需要某种思想来指导。**成人的社会组织有两种：一种来自内心的潜意识；另一种则来自有意识的行为。**也就是说，一种成人社会始于婴儿时期，依靠孩子有吸收力的心灵，通过环境吸收民族意识；**而另一种成人社会需要通过他们的努力来形成。**

孩子在精神胚胎阶段的特征既不是人工产物也不是智力成果，而是整个人类社会遗传下来的特征。**孩子在建立自身性格的**

过程中，会在大自然的影响下，自动吸收和学习这些特征，逐渐成长为拥有特定语言、信仰和社会传统的人。

社会秩序中那些连续性的东西也具有稳定性和基础性，会世代相传。当然，社会秩序也并非一成不变的，有些东西会持续性地革新。

如果孩子们拥有绝对的成长自由，我们就可以观察他们成长的过程，进而发现个体和社会成长的秘密。

现代社会中最迫在眉睫的问题，就是人类的潜能有待挖掘。**社会上具有不同特性的人，而教育的目的就是让不同特性的人持续靠近，由此维持社会的正常发展**。身为教育者，我们自然有义务依靠新的教育方式，帮助那些行为失常、心理失常的人，避免他们成为社会的危害分子。可惜的是，现在的教育现状则刚好相反，我们的教育影响了人类社会的正常发展，更有可能导致人类走向自我毁灭。

回归到我们的社会现状，**人们在文化上的缺失并非真正的威胁，但如果我们继续忽视人类的创造性，妄图控制甚至压抑孩子的自然发展，就会走向自我毁灭**。

实际上，**真正能让人类通向更高道德水平和智力水平的，正好是孩子的创造性和潜能**。人类都惧怕死亡，并期待摆脱死亡的阴影，然而真正令人类痛苦的，**不是来自死亡的威胁，而是个性的缺失与潜能的浪费**。

无知是人类最大的敌人。我们能蚌壳寻珠、矿山寻金、地下采煤，却唯独发现不了人类精神世界的宝藏，看不到孩子身上蕴藏的巨大创造力。

孩子存在的意义就是为了改变世界，让世界变得更美好。如果其他的传统学校也能认同这个观点，并像我们一样教育孩子，那么他们也一定会创造很多奇迹。

在传统的学校里，老师们一般会采取强制、惩罚、奖励等方法来引导孩子学习，因为他们认为孩子不具备学习的主动性。可惜，这些方法并不奏效。

面对孩子的时候，大家习惯性地去发现他们的缺点，并进行批判和命令，这样做往往收效甚微。如果我们继续用这种方法对待孩子，只会让整个人类社会的文明不断倒退。

在其他传统学校里，老师不允许学生对照作业答案，也不允许相互帮助，由此可见，老师们认为孩子们在学习上相互帮助是不正确的，或者说，他们认为团结是不对的。同时，这些老师还会经常用语言命令和否定孩子，说一些"别玩了""别说话""别帮他人做作业"等话，这都是违反自然规律的。

除了上面提到的，老师们还会对孩子说"不要嫉妒成绩好的同学""不要对伤害你的人心存报复"这些具有否定意义的话。

在老师看来，孩子们都是有缺点的，而教育可以帮助他们改正。事实并不是这样的。孩子常常会让我们大吃一惊，因为他们可以创造奇迹。

当孩子面对比自己优秀的人时，内心会充满崇敬之情，而这

种情感源自孩子的内心，并非依靠外力。我们有义务去保护孩子这些美好的天性。

在孩子眼里，没有所谓的"敌人"，他们甚至会主动去帮助"敌人"。**孩子们会主动关怀那些做错事的孩子，并且帮助能力不如自己的同伴，这些行为都是他们自发的，并不是依靠外力来推动的。我们应该设法保护和鼓励孩子们这种自然的情感。**可是事实上，我们并没有做到这一点。这就导致很多孩子偏离了正常的发展轨道，甚至以后有可能成为社会的威胁。

传统的教育方法之所以不可取，正是因为在老师的认知里，孩子缺乏学习的自主性，必须依靠外部教育。同时，老师们普遍认为，说教、命令的教育方式对孩子有益。其实，**那些发育正常的孩子并不会被坏的东西所影响，因为他们有追求完美的本性。**

成人在面对孩子的时候，还会采取一种错误的做法，那就是打扰孩子们的正常工作。因为成人认为，如果孩子长时间地做同一件事情一定会很累。

然而实际上，**孩子们需要通过工作来发挥自己的创造本能。孩子可以通过自己动手的过程获得工作的乐趣，也可以通过安慰他人、帮助弱小来发掘自我。孩子只有遵守自然规律，自主地行动，才能达到精神上的和谐，并在内心形成美好的东西。**老师对孩子的说教作用不大。

在我看来，成人并不具备直接教育3—6岁的孩子的能力，而是需要先通过观察和研究，了解孩子们的发展状况。

　　孩子拥有的工作本能是大自然赋予的，帮助他们借由工作来实现自我发展；同时大自然还赋予了孩子内在的指导力量。可是孩子想要获得全面发展，还需要持续努力，并从中获取足够的经验。

　　在孩子发育的过程中，3—6岁尤其重要，因为这个阶段是性格以及社会观念形成的关键时期（出生之前是生理形成阶段，0—3岁是心理形成阶段）。**如果孩子想要得到更好的发展，就必须生活在自由而有序的环境里。**

发现错误及
改正错误

孩子的活动越积极，老师的工作就可以越"消极"，只需要从旁观察孩子们，而不需要额外做些什么。这种积极向上的环境可以帮助孩子更好地融入社会。

我们的学校允许孩子自由地活动，但这不代表孩子们可以无组织无纪律。事实上，组织纪律对于集体来说是必要的。只有组织纪律正常地发挥作用，孩子才能拥有自由活动的权利。

想让孩子在我们建设的环境中不断获取经验、自我完善，那么就需要我们给予他们更多的关注。

通过孩子的行为，我们可以分辨孩子是否可以集中精力去积极地活动。孩子的活动越积极，老师的工作就可以越"消极"，只需要从旁观察孩子们，而不需要额外做些什么。这种积极向上的环境可以帮助孩子更好地融入社会。

有人看到这里可能会想，如果孩子的成长可以永远不被成人约束，那该有多好啊！

的确，孩子们和谐地在一起活动，对他们而言非常重要。这其中蕴含的秘密，如同胚胎的发育一样微妙。**我们能做的，就是给孩子活动的自由，为他们提供物质条件，创造合适的环境。**同时，我们应该更加精准地定位老师和孩子之间的关系，对于这一点，我们在后面的章节中再做详细的说明。

我在这里要提出的是，老师们要尽力避免用简单的奖惩方式去帮助孩子改正错误，因为这对孩子而言并非帮助，而是干涉。

或许大家并不能理解这一点，甚至觉得不可思议。有的老师可能会问："如果我们不这样帮助孩子，他们如何才能改正错误，走上正确的道路呢？"很多老师认为，发现错误并对孩子提出批评才是老师的主要任务。在他们心目中，教育的主要手段就是批评和惩罚。

事实上，如果只用奖罚的手段来对待孩子，那么孩子就会失去自我约束的能力，凡事只能依靠老师。同时，**如果孩子正在集中注意力进行自己的活动，而老师不停地用奖赏或惩罚来干扰他们，这就会干扰孩子精神上的自由。**

在我们的学校，我们从不依靠老师的奖惩手段来教育孩子，而是让孩子自由地发展，因此我们的学生都能自主地活动，奖惩手段对他们是无效的。

或许，我们提倡的不对孩子进行奖赏不会引起太大的争议，因为这并不会带来很大的损失，也不会给孩子带来太大的影响；而惩罚就不同了，大家几乎每天都会惩罚孩子，比如反复纠正学习上的问题。或许这种纠正对帮助孩子提高分数有点儿效果，但是分数提高了就能代表缺点被改正了吗？

我们常常会听到老师对孩子说："同样的一个错误，你犯了多少次了？你根本没有好好听讲！你再这样下去，永远不可能通过考试！"这种学习方面的批评，只会打击孩子的学习积极性。如果老师一直批评孩子又蠢又淘气，只会给孩子带来情感上的伤害，并不能帮助他变乖变聪明。

孩子只能通过专注的练习去提高自己的技能。言语上的说教和批判并不能帮助他们提高自己的技能。

以前，有些老师面对那些笨拙或功课完成得不好的孩子时，总喜欢揪他们的耳朵或打他们的手心板。可是，即使这些孩子的耳朵被老师揪红了，手也被打肿了，他们的能力并不会有一星半点儿的提升。

孩子想要提升能力，必须持续地练习，借此获取经验。任何能力的获得都要依靠长时间的练习。就好像那些不听话的孩子，如果给他们提供与其他孩子一起工作的机会，他们就会慢慢地发生改变，有所进步；但是如果我们只对他们说"你要听话"，是不会有任何有益的作用的。在孩子看来，这种言语上的批判并非纠正他们的错误，而是在描述一个事实。**要想纠正错误，只能依赖于孩子自己主动、持续地练习。**

当然，孩子有时候并不会意识到自己犯了错。事实上，老师们也会不可避免地犯错误，尽管他们时时警醒自己：要成为孩子的榜样。在大多数情况下，即使老师犯了错，也不会对孩子认错。在他们的观念里，老师就应该是对的，犯错有损尊严。当然，这种现象的出现并非完全是老师的责任，而是因为整个教育系统都建立在错误的基础上。

如果我们仔细研究人类的犯错史就能发现，人人都会犯错，这是客观事实。**世界上并不存在不犯错的完人，我们应该尊重**

事实。

　　所以，我们应该正视犯错，这是人们生命中不可缺少的环节，而且犯错也并非一无是处。很多错误都会随着生命的发展而不断地被纠正，就像蹒跚学步的孩子必须经过反复的尝试和失败才能真正学会走路。如果我们认为自己是完美的，那简直是在自欺欺人。

　　在现实生活中，很多人都无法认识到生活的真相，犯了错误也毫无意识，即使意识到了也不会刻意地去改正。

　　如果一个老师自认完美无缺，那么他就无法意识到自己的缺点，更不会成为一个好老师。**如果我们想让自己变得完美，就必须意识到自己的缺点和错误，才能不断地提升自己。**

　　犯错的意义也体现在那些以精确著称的学科中，比如数学、物理、化学等，每一个错误都值得我们深入研究。任何一门科学研究，都必须对错误进行反复分析和研究。我们之所以能分辨科学的真理和谬误，正是因为科学可以有效地衡量错误。这其中有两个非常关键的问题值得注意：第一个是获取精确的数值；第二则是获得这个数值允许存在的误差范围。科学结论并非完全精确的，它允许存在一定的误差甚至是失误，比如抗生素的注射成功率为95%而非100%，剩下5%的失败率也同样重要。当我们用刻度尺度量长度的时候，只能精确到尺子上有的单位，而非完全精准。**世界上并不存在绝对的正确，误差或失败率才能让科学研究得出的结论更有意义。缺少了误差，结论就失去了严谨性。**

追求精确的学科尚且如此，那么对于掌握人类精神文明的教育工作来说，错误的意义就更加重大。**而改正错误的前提，是要认识到自己的错误**。在这个基础上，我们提出了一个新的教育原则，那就是**"控制错误"，借此帮助孩子成长**。

无论你在社会中扮演什么样的角色，都有可能犯错，因此，我们的首要任务是能认识到自己的错误。**我们每天都应该花时间反省自己的行为。这种自省改错的能力对我们的性格形成意义重大，一旦缺乏这种能力，我们就可能变得自卑**。

在一些学校，孩子们对自己犯的错误一无所知，因为他们并非有意识地犯错，并且在他们看来，纠正错误是老师的工作，而不是自己的工作。实际上，**只有自己才最了解自己的错误**。而前文提到的"控制错误"就能给我们指明方向，让我们知道自己是否犯错了。

在生活中，我们会碰到不熟悉路线的情况，在这个时候，我们就会借助地图或者在路上寻找路标。比如，我想去艾哈迈德巴德，如果在路上看到"艾哈迈德巴德——2公里"路标的时候，就表示我的方向是对的；而如果我看到的是"孟买——50公里"的路标，就表示我走错了。地图和路标可以为我们提供帮助，如果没有这些地图和路标，我们就只能向路人询问，不过通过询问得到的答案可能也会不一样。可见，可靠的方向指示的是我们成功到达目的地的前提。

因此，教育获得成功的首要条件就是给孩子提供正确的方向，帮助他们更好地成长，就好像我们在考试之前需要先划定复习范围一样。

个体的自由程度和发展方向的准确度，决定了个体发展的成功率。我们必须采取措施，来确定孩子的发展方向是否正确。如果我们将这一原则贯穿到学校和家庭教育中，那么老师和家长完美与否就不那么重要了，只需要确保提供给孩子的发展方向是否正确就好。

当孩子发现成人也会犯错误的时候，他们会觉得很好奇，甚至会同情犯错的成人。接着，**他们会意识到，原来犯错是非常正常的一件事，每个人都会犯错。这个认知对孩子的成长影响重大，会大大地拉近孩子和家长、老师之间的距离。换一种说法就是，成人表现出来的不完美能够促进孩子与成人之间的关系。**

在我们的学校里，为孩子准备了一套高度相同、直径不同的小圆柱体套杯，总数是10个，每一个圆柱体能套进一个比它直径稍微小一点儿的圆柱体。当孩子玩这个教具的时候，他们首先会发现，每个圆柱体都是不一样的；接着，他们就会用拇指和其他手指一起抓起圆柱体的顶部，然后将它套在另一个圆柱体上。在玩的过程中，孩子们可能会发现自己弄错了——最后剩下的大的圆柱体无法被套进去，而其他已经套好的圆柱体中间却有很大的缝隙。孩子们对这个现象非常好奇，他们会开始重新摆弄圆柱体，试图解决这个问题。最后这个被剩下的、无处安放的圆柱体就表示孩子在之前的过程中犯了错，这个错误会吸引孩子不停地重复这个游戏，直至这个错误被改正。**这个重复的过程可以帮助孩子提升理解力，还能让孩子有效地控制自己的错误，达到完善自我的目的。**

我们为孩子设计的教具大多数都是可以直接提示孩子是否犯了错的。而改正错误并非是要让孩子变得完美，而是让他们认识到自己的能力，激励他们更加努力地工作。如此一来，孩子会觉得："我并非完美，也并非无所不能，我也会犯错。但是，我能自己改正错误，并且我非常了解自己的能力。"**一旦孩子养成了严谨、自信的性格，那将会终身受益。**

如果我们只告诉孩子他是聪明还是蠢笨，是优秀还是顽劣，这不仅无用，还会适得其反。**孩子需要了解的是自己适合做什么事，我们应该给孩子提供让他们了解自己犯错误的机会，而非一味地对之进行教导。**

如果孩子们长期接受这种"控制错误"的教育，那么可能出现的情况是：当他们算出数学题的结果后会自行检查，并且慢慢地会养成检查的习惯。对于孩子来说，检查结果的过程比结果本身更有吸引力。

在我们的学校，还会让孩子进行一种练习，就是将带有物品名称的卡片放到对应的物品下面。孩子们会用各种方法来核对自己的结果，他们在检查结果的过程中获得了乐趣。

即使在学校的日常生活中，我们也会设计一些小错误，让孩子在发现错误的过程中慢慢地完善自己。孩子追求完美和正确的天性，会让他们不断地审视自己的行为，这会促进孩子的正常发展。

在我们的学校里，孩子们会玩一个叫作"按命令做事"的游戏。有一次，在玩这个游戏的过程中，一个小女孩读到这样一句话："到教室外面关上门再回来。"小女孩认真地读完这句话，然后开始按照命令行动。可是她还没有完成所有的动作就跑回来问老师："如果我关上门以后，要怎么才能回来呢？"老师笑着回答她："哦，你指出的很对，是我把命令写错了。"接着，老师改正了那个命令。这下，女孩开心地说："现在我可以做到了。"在这里，找错变成了一件有趣的事情。**错误成为人与人之间沟通的桥梁，让成人和孩子之间相处得更加和谐。**

总结起来说，**孩子并不会因为成人犯了错就不再尊重他们，成人也不必担心因为犯错而会失去尊严。**

意志与服从

　　当孩子可以按照自己的意志有意识地行动时，就代表他们已经拥有了这种力量。孩子意志的发展是建立在生活经验的基础上的，意志不是与生俱来的，而是慢慢形成的，它的发展一定要遵循自然规律。

　　关于性格培养的探讨往往会涉及两点：意志和服从。大部分人都认为，这两点是互相对立的。

　　人们普遍认为，教育代表孩子的意志会被成人的意志所代替，孩子需要对成人完全服从。其实这是在扭曲和压制孩子的意志。下面，我们会根据我们的观察（而非主观臆断）来对这两个问题进行说明。

　　目前人们对这两个问题的观点很多，而且极其混乱。有的观点认为，人类会受到外在的强大的宇宙力量的影响，这种力量并非物理力量，而是生命进化过程中形成的一种力量。这种力量会促进各种形态的生命持续进化，是生命运动的原动力。这种进化并非偶然，而是自然规律影响下的必然结果。如果说人类的生命是这种力量的表现形式，那它就一定会影响到人的行为。实际上，**当孩子可以按照自己的意志有意识地行动时，就代表他们已经拥有了这种力量。孩子意志的发展是建立在生活经验的基础上的，意志不是与生俱来的，而是慢慢形成的，它的发展一定要遵循自然规律。**

　　还有的观点认为，人生来就是不服从管教的，原因是在生活中，孩子常常不服从成人的管教。孩子的这种表现就代表了他们拥有自己的意志。然而事实并非如此，孩子的这种表现并非"有目的的行为"。就好像成人发脾气一样，也不是出自本意。当我们发现自己的言行与主观意愿不符的时候，就会想要控制自己的意志。由此可见，孩子的主观意志也未必就是不服管教甚至充满暴力的，他们表现出来的暴力和混乱其实是他们情绪的外在表现形式。通常情况下，孩子是可以依靠意志控制自己的行为的。**孩子能不断成长都是依靠大自然的规律，孩子的意志也会帮助他们成长，并成功地发展各项潜能。**

如果一个孩子的意志与他做的事情一致，就代表这个孩子已经成功步入了有意识发展自己的道路。孩子会本能地选择自己想做的事情并不断重复，这代表他们已经认识到了自己的行为，而不再是依靠最初的冲动去做出某些行为。

孩子最开始的行为完全出于本能，而现在则是受自我意识的支配，这说明他们的心智在慢慢地发展。

孩子自身也能感觉到这种差异，有一个孩子曾经对我说过令我非常难忘的话。曾经有一位贵族小姐来参观我们的学校，由于她并不了解我们的学校，就问一个小男孩："这就是用来规范你们行为的地方吗？"小男孩的回答是："不，女士。这里并没有规范我们的行为，我们对自己做的事情非常喜欢。"由此可见，这个男孩已经理解了自主工作和服从命令的区别。

孩子如果可以主动行动，就能从中得到快乐。我们需要了解的是，**有意识的意志必须通过行动才能得到发展，我们应该帮助孩子发展而不是去阻碍他们。**

意志的发展不仅需要特定的环境，还要依靠持续的行为。意志的发展极其缓慢，但是摧毁它却非常简单，转瞬之间就可以做到。意志好比一栋结构复杂的建筑物，建筑的过程十分繁琐，不仅需要掌握平衡、艺术和材料等专业知识，还要耗费大量的人力、物力和财力等。而毁掉一栋建筑却只需要几秒钟，比如直接用炸弹或者当地震发生的时候。建造一个建筑物尚且需要如此多的东西，更别说塑造一个有生命的心灵，付出将更加巨大。

我们无法凭肉眼观察到人类心灵的塑造过程，而且无论是老师还是父母，都无法为孩子塑造心灵，只能在孩子自我塑造的过程中提供帮助。塑造心灵是孩子自己的责任，父母和老师的责任是提供帮助，如果我们混淆了这一点，就有可能毁掉孩子的意志。下面我们来详细解释一下。

很多教育机构都有一个共识，那就是认为所有问题都应该通过说教（对耳朵灌输）和榜样（对眼睛灌输）来解决。

然而实际的情况是，**孩子必须靠自己的活动，从中获取能力，来发展自己的个性。**在传统的教育中，我们将孩子当作一个被动的接受者，而非一个主动的学习者。在孩子小的时候，成人总想通过讲神话故事来提高孩子的想象力，实际上对孩子而言，他们只是听到了故事，想象力并没有得到发展。

这种"说教"的想法也体现在对孩子意志力的培养方面。大部分学校的老师都不懂得如何给孩子机会训练意志力，只会在口头上告诫孩子要有意志力，一旦孩子表示抗议，就会认定孩子有逆反心理。

可以说，传统的教育工作者正在全力以赴地摧毁孩子们的意志力。所谓的榜样学习法，就是老师试图让自己成为孩子的参照物，这并不能锻炼孩子的意志力，他们只是被动地照做而已。我们必须摒弃说教和榜样的教育观点，坦诚地面对传统教育中出现的问题。

有些教育者经常会说："想要教育孩子，要先做好自己，这样孩子才会服从并且模仿我，从而达到教育的目的。"这话听起来似乎没有错。可是这种观点将服从当作了教育的首要原则。也有教育专家说："在孩子应该培养的所有美德中，最重要的一个就是服从。"如此一来，教育工作简化了，教育工作者也无比骄傲，他们想："孩子们一无所知，我必须用心教育他们，让他们变得像我一样。"

其实，孩子的内心会自主地进行创造性的工作，他们需要的是家长和老师的理解与支持。在过去，如果孩子犯了错，老师就会惩罚孩子，试图将自己的意愿强加给孩子。到了如今，老师们依然坚持这个想法："必须惩罚，才能从事好教育工作。"这样的教育工作者其实都是独裁者。

老师的独裁和真正的独裁者还是有所区别的，真正的独裁者试图用暴力建设新社会，而教育工作者则是用暴力摧毁孩子的内心。不管怎么说，这种传统的教育方式是不对的，它所秉持的理念是在孩子接受并服从成人的领导之前先摧毁他们的意志。如果我们将这种教育方法付诸现实，就意味着我们要先毁灭孩子的思想。

当然，如果孩子服从他人的命令之前已经拥有了完全的个人意志，那么就另当别论了。在这种情况下，孩子的服从是尊重和认可，这样的服从才能让老师获得内心真实的满足。

实际上，服从是人类的自然特征。孩子的服从意识就是在他们的心理发育成熟到一定阶段时自然出现的。如果人类没有服从的品质，那生活将无法想象。

生活中的大量事实也证明了人类具有服从的意识。只是这个服从如果是被动的，不受人意志控制的，就只会让人类走向毁灭。在我们生活的社会中，服从是一件稀松平常的事情，只是我们缺少对服从的控制。

在观察自然成长的孩子的时候，我们就发现，服从意识在人类发展史上非常重要。孩子的服从意识的发展，与其他个性的发展过程是一样的。首先，它们都会被有目标的冲动所影响。其次，它们会进入孩子的意识层面并逐步发展。最终，它们会成为意识并被意志所控。

下面，我们来探讨一下服从的具体意义。

过去，我们认为服从就是指孩子对于成人的命令要绝对遵从。然而，当我们深入研究之后就会发现，这种想法并不全面，甚至是错误的。

根据研究，我们可以将孩子的服从意识发展分为三个阶段。

第一个阶段：孩子听话的状态不稳定，表现为有时听话、有时不听话，反复无常。孩子是否服从并不会完全随着成人的心意。

在这个阶段，孩子的行为只接受自然规律的牵引。他们的这种反复无常的听话状态会持续到1岁左右，并在1—6岁时慢慢减少，因为孩子会开始有意识地进行自我控制。

孩子的服从意识与个人的能力挂钩，只有孩子的能力发展到相应的水平，他们才会服从成人的命令。对于3岁以下的孩子，如果成人的命令不符合他们内心的需求，他们就不会服从。因为此时他们的心理还没有发育成熟，处于在潜意识中构建性格的阶段，无法用意志控制自己的行为。简单地说，就是孩子要达到一定的发展水平才能懂得服从。

实际上，大部分成人压根儿不会指望一个两岁的孩子能完全听从自己，这个年龄段的孩子还很"叛逆"。有的成人根据自己的生活经验得出这样的结论：想要命令3岁以前的孩子去做事情，只有依靠强制性的命令。然而，对于孩子来说，服从并不是永远代表着否定，还包含取悦他人的意味。

对于3岁以上的孩子来说，只有具备一定的能力，才会明白为什么要服从。他们的内心处于发展的过程中，而在这个过程中他们可能会服从别人的要求，这是因为他们需要去熟悉自己刚刚掌握的能力。他们只有经过反复地练习，才能熟练地掌握相应的技能。

比如，孩子刚开始学会走路的时候，尽管会经常摔跤，也会坚持练习；但是一旦孩子完全掌握了走路的能力，他们反而不愿意再反复练习，因为此时他们已经可以随意地使用走路的能力了。

处于这个阶段的孩子，他们的服从意识完全取决于自身掌握的能力，会表现出时而服从、时而不服从的状态。有的时候，成人认为孩子是故意不服从自己的命令，并对孩子进行责骂，而这恰恰会阻碍孩子能力的发展。

下面我们来看一个有趣的例子。

瑞士著名的教育学家帕斯塔罗奇在历史上首次提出了父爱教育理论。他认为教育工作者面对孩子遇到的问题时，必须抱着一颗怜悯之心，要懂得谅解孩子的错误。但是，孩子有一个特点是他无法谅解的，那就是反复无常，时而听话时而不听话。如果孩子第一次顺利地执行了他的命令，他就认定这个孩子已经具备了这种能力，一旦下一次这个孩子不能服从命令，他就会为此生气。这种现象消磨了帕斯塔罗奇的父爱。

连著名的教育学家都不能谅解孩子反复无常的行为，就更不用说其他的老师了。如果孩子尚未具备足够的能力，无法控制自己的意志，他们怎么服从他人呢？强求孩子服从，只会打击他们成长的积极性。

其实这种情况不仅仅是针对孩子，成人也会出现这样的状态。比如一个乐手，可能会有时弹奏得非常好，有时却表现得很糟糕，这并非因为他的个人意志出了问题，而是因为他的演奏技巧不够娴熟。

第二个阶段：孩子能完全服从命令，而且能自我控制。在这个阶段，孩子的能力已经发展得很稳定，他们可以了解他人的意志，也懂得表达出来。这正是广大教育者所期待的，甚至可以说是他们心目中孩子可以达到的最高水平。

但是这并不代表孩子服从意识的发展已经进入尾声，因为他们所能达到的高度已经超过了我们的期待。尽管在第二个阶段，孩子已经掌握了各项能力，足以服从并完成指令。但是随着自然规律的发展，他们必然会走向更高的层次。他们会意识到，老师可以完成他们完不成的任务，于是他们告诉自己："老师比我厉害，他可以帮助我不断成功，使我越来越聪明！"这种认知会让孩子更加快乐，激励他们不断地学习，并且更愿意服从老师的命令，甚至期待着他们的命令。这是一种非常有趣的现象，我们可以对比一下狗的行为：狗很爱它的主人且绝对忠诚，它随时等待着主人的命令。一旦主人将球抛向远处，狗狗就会马上跑过去将球叼回来，跟着它就会在旁边等待着下一个命令，它期待主人的命令且以此为乐。

第三个阶段：孩子会以执行命令为乐趣。有一位从教十年的女老师跟我讲过一个故事。她管理的班级非常优秀，她也经常给孩子们提建议。一次，她对着孩子们说："收拾好你们的东西……"但是话刚说了一半，孩子们马上就开始收拾。直到听到老师的后半句："在放学之前一定要做好。"孩子们才停止了手里的动作。

孩子的服从如此迅速，让这位老师不由得感叹，以后一定要注意自己说话的顺序，因为她的本意是让孩子们在放学之前收拾好东西，而不是现在就收拾东西。这位女老师告诉我，这种事情时有发生，**孩子们服从的速度让她在发出命令之前要反复思考**，她认为这是自己的责任。

可能大部分人会觉得，成人可以用自己的方式随意命令孩子，这位女老师却觉得老师的权威恰巧给了她压力。

还有一次，孩子们在教室里吵闹，老师想在黑板上写"静"这个字来提醒孩子们。结果，老师刚写出第一个字母，孩子们就迅速地安静了下来。我在学校里也有过类似的经历。此时，孩子的服从不止一种意义，他们动作一致地服从命令，俨然是一个整体。

我们都知道，在公共场所，只有所有人都保持静默，整个环境才会安静下来，只要有一个人出声，这种安静就会被破坏。这就是群体意识感。

当我们玩"静默游戏"的时候，孩子们安静的时间会随着游戏的重复而不断变长，这代表他们的群体意识感越来越强烈。接着，我在游戏中添加了"点名"这个环节，当我轻声地说出一个孩子的名字时，这个孩子就要站起来并走到我身边，他在整个过程中必须保持安静，其他同学也不能发出响动，直到我点到最后一个孩子的名字。这是相当漫长的一段时光。这个游戏说明，这些孩子的意志力非常强，游戏锻炼了他们的意志力。

同时，这个游戏也让这群孩子成了一个非常有秩序的群体。每个孩子都懂得服从，并且具备强烈的服从意识。当孩子具备服从意识以后，能力又会帮助他们加强服从意识。此时孩子的服从意识已经达到了相当高的水平，无论老师发出什么命令，他们都可以立刻执行。

前面的女老师认为，不可以将自己的意志强加给孩子。与此同时，她意识到身为教育者需要有极强的责任感。

孩子的纪律性

当孩子们一丝不苟地完成自己的作品时，会慢慢地形成一种纪律性，此时，他们有条不紊，具有服从意识，并且内心充满了爱。

　　老师要为孩子提供自由的环境，避免打扰孩子的自发行为。同时，老师不能强迫孩子的行为，更不应该恐吓或对孩子进行奖惩。

　　老师应该保持旁观者的姿态，以足够的耐心来面对孩子。或者说，老师应该远离孩子，避免自己的个性影响孩子，给孩子足够的发展空间。

　　还有一些新老师对教育充满热情，他们相信孩子有自己的纪律性，但是孩子对老师的服从意识非但没有提升，反而降低了。难道他们贯彻的教学原则不对吗？当然不是。是因为这些新老师忽略了教育理论与实践的差距。在孩子的纪律性问题上，新老师需要很多帮助和建议。

　　大家必须明白，人内心的纪律性并非与生俱来的，而是后天形成的。教育工作者的任务，就是为孩子纪律性的形成指明方向。

　　当孩子可以集中注意力去关注自己感兴趣的事物时，就表示他们已经具备了纪律性。这些事物不仅可以增长孩子们的实践经验，还有助于他们控制自己的错误。得益于这种经验，孩子的心理可以呈现出一致性，懂得安静和快乐，达到从容不迫的境界。

孩子具有惊人的征服世界的能力，这也展示了人类心理学的巨大价值。而教育工作者的责任就是帮助孩子指明方向，清除障碍，传递给他们通向完美的方法。这其中有一点要引起重视，那就是老师有可能成为孩子成长的最大障碍。**一旦孩子生成了自我的纪律性，那老师只需要从旁观察就行了，纪律性会帮助他们克服成长中的各种困难。**

有一些 3 岁的孩子在来到我们学校时，存在的问题已经非常严重了，**他们隐藏起真实的自我，并且拥有很强的自我防御意识。我们无法从这些孩子身上看到他们应该具有的平静与智慧，他们表现出来的都是散漫、表达不清、不服管教等性格缺陷。**

我们必须唤醒这些孩子内心的智慧与纪律，他们的缺陷还能够被改正。他们需要的是足够的自由和机会。这是老师们一定要了解的，孩子们表现出来的防御性行为不利于其心理健康发展，我们必须肃清障碍，帮助孩子实现自由的发展。

如果老师无法区分冲动行为与平静心理形成的行为之间的区别，那么他的工作将毫无意义。老师有效工作的基础是具备这种区别两种行为的能力。

其实，这两种行为都是按照孩子的自身意愿进行的，但是它们的性质又完全相反，老师只有正确地区分它们，才能成为真正的观察者和指导者。这有点儿像医生的工作，医生的首要工作就是懂得分辨何为病态、何为正常，之后才是分辨疾病之间的区别，接着进行诊断。

现在，我们已经可以对孩子的心理发展所经历的不同阶段进行准确的描述，并为教育工作者提供各个阶段的主要特征。

我们先针对3—4岁的孩子进行探讨，这些孩子还没来得及接触能影响内在纪律性的因素。他们表现出来的行为偏差可以分为三类。

第一种类型：主动行为失常。在此我们不分析行为的动机，只分析行为本身。这一类行为失常的特点是：动作不和谐或者器官的功能无法有效地协调。与外在症状相比，这种失常对神经医学的意义更大。医生会通过一个患重病（如身体瘫痪）的病人的主动行为发现一些症状，比如心理失常和行为紊乱。尽管这些症状很重要，但是医生并不会对此直接下结论，因为主动行为失常也会表现为心理失常和行为紊乱。

那些行为笨拙的孩子还会表现出粗鲁无礼、动作失常、大声喊叫等行为，只是这些行为并不具备诊断价值。**孩子早期的主动行为失常是可以通过教育来逆转的。针对这种行为，我们无须一一纠正，只需要为孩子提供练习的机会和环境，让其正常发展就可以。**

第二种类型：无法集中注意力。这一类孩子经常会发呆，或者喜欢对着石头、树叶说话。他们长大以后，想象力不受拘束，大脑功能也不正常，而且会越来越疲惫，最后成为想象力的俘虏。

在现实生活中，很多人认为这种空想是具有创造性的，能促进孩子的心理发展，事实上却是不幸的，它只会影响孩子个性的发展。

人之所以能与外界和谐共处，是因为其具有完整的人格，借助这种完整人格，人才能建立自己的精神世界。空想会阻碍我们关注现实，让我们离现实社会越来越远，长此以往，就容易产生错误的想法，思想无法与外界和谐。换一种说法，空想是精神器官萎缩的表现。

面对这种情况，老师可以通过特殊方法吸引孩子的注意力，让他们关注现实事物，比如让孩子自己摆放桌椅，虽然这么做并没有什么用，因为这是老师的命令，而非孩子主动的行为。**消除这种症状的最好办法就是让孩子主动进行协调运动，让他们关注现实世界，这样他们的精神才会慢慢恢复正常。**

第三种类型：被动模仿的倾向，这种症状与前两种症状联系密切。这种症状表现出了人类的根本性弱点，是两岁孩子的个性表现（两岁以下孩子的模仿与这种表现不一样）。此时，孩子还没有形成相应的能力，因此需要模仿他人，而这种模仿行为并非正常发展的表现。这时的孩子如同无帆之船，只能随水而动。

我们通过观察两岁的孩子可以发现，他们靠模仿获得知识，这是心理退化的表现，是一种心理波动与失常。孩子做错事以后可能会撒泼打滚、大喊大叫，别的孩子就会去模仿他甚至做出更无礼的动作。这种现象会快速在孩子之间传播。我们可以称之为"群体本能"，会导致大量孩子的行为失常，造成群体退化。退化越严重，孩子越难回到正轨上。但是，只要孩子可以重回正轨，这些不良表现都会随之消散。

当老师管理班级的时候，如果他一味地让孩子自由发展，就会发现很多令人头疼的问题。孩子们会变得散漫和随意，教室里会变得十分混乱。造成这种局面的原因，是老师缺乏管理的经验。

老师有义务帮助这些孩子恢复纪律性，比如用温和却威严的口吻与孩子谈话。老师没必要为阻止孩子的错误行为而感到害怕，因为我们必须唤醒孩子的内心，帮助他们醒悟。这不仅需要智慧，还需要老师"因材施教"、分门别类地去解决问题。只有了解孩子们的错误，才能找到解决方法。只懂开药房的医生不是好医生，只懂照本宣科、死搬教育方法的老师也不是好老师，老师必须要有自己的判断。

当看到教室里乱哄哄的时候，老师可以拉高嗓门，也可以轻言细语地对孩子说悄悄话，借此吸引其他人，让教室恢复安静。

一个有经验的老师很少让自己的班级出现混乱局面，他会在自己离开教室之前，对孩子进行一些指导，以免孩子们因为缺乏管束而陷入混乱。

同时，老师们必须提前做好准备工作，让孩子感受到老师的存在是为了帮助他们。我们可以借助一些方法，比如让孩子们轻轻地将桌椅摆成一排并坐好，或者让孩子轻手轻脚地从教室的一边跑到另一边。

当老师觉得时机成熟的时候，就可以对孩子们说："来，大家安静一下吧！"接下来，教室里就会奇迹般地安静了下来。

只需要一些简单的方法就可以让孩子将注意力转移到自己要做的事情上。比如，老师可以提供给孩子一些教具进行练习。当然，老师不能一次性地将所有教具都交给孩子们，否则他们无法真正地学会使用。随后，整个教室恢复了安静，孩子们不再毫无目的行动，他们开始擦桌子、扫地，或者从柜子里拿出教具并正确地使用它们。

很明显，孩子们通过实践提高了自由选择的能力，老师们也很满意孩子的表现。但是老师们会感觉到，我们的教育方法所提供的教具数量太少，孩子们在短期内需要反复操作相同的教具。为什么要这样设计呢？

如果我们不断地给孩子提供新的教具，那么在孩子们发展纪律性的过程中，可能会出现这样的问题：他们会频繁地更换教具，摆弄完这个就接着摆弄下一个，每个教具都只玩一次，这样一来，再多的教具也无法维持他们的兴趣。这不利于孩子的性格锻炼，更不能帮助他们发展能力。

孩子们频繁地更换教具，表现得好像穿梭在花朵间的蜜蜂一样，不会为一朵花停留，也无法采蜜。一旦班级里出现这种场面，老师就会疲于应付，他们必须不停地穿梭于孩子们中间，而且这种焦虑的情绪还会给孩子们带来不良的影响。孩子们对此也会感到很厌烦，一旦老师转身去找其他同学，他们就开始胡乱摆弄。这样所有的孩子都不能正常地工作。长此以往，孩子们的智

力和心理并不能得到发展。由此得来的纪律性不仅短暂而且还很
脆弱，为了维护这稍纵即逝的纪律，老师也会一直处于紧张焦虑
的状态。

有些经验不够的老师，会对新生寄予厚望，他们会做很多的
工作却收效甚微。最后他们不得不承认，长期处于紧张焦虑的状
态，不仅折磨自己，也会影响孩子。

老师必须了解到，孩子出现这种状况，代表他们的心理处于
转型期，他们还没有打开发展纪律性的大门，只是在门外徘徊。
实际上，我们也无法观察到孩子内心纪律性的任何发展，他们的
表现是混乱不堪。

如果缺乏纪律性，孩子就无法完美地完成工作。他们或许可
以协调自己的动作，但是状态不稳定。与第一阶段的孩子比起
来，这些孩子的状态如同大病初愈一般，缺少美感与力量。

此时的孩子处于发展纪律性的关键阶段，老师在这一阶段有
两个重要任务：对整个班级进行监督，以及逐个对孩子进行教
育。在单独指导孩子的过程中，老师一定要注意不能背对着其他
的孩子，而是要保证自己能够让所有的孩子都看到，让这些因为
不会使用教具而倍感迷茫的孩子不至于手足无措。

**老师对每个孩子进行单独指导时，要采取亲切而温和的方
式，否则很难打动孩子们的心。**长此以往，孩子们的心灵终会觉
醒，他们会将注意力放到教具上，并且重复使用这个教具。在这
个过程中，孩子的纪律性也得到了发展，并且孩子们这种积极快

乐的状态代表他们的内心迈入到了一个新的阶段。

虽然孩子在心理发展过程中拥有自由选择的机会是非常重要的，但前提是孩子们真正地了解自己心理发展的需求。假设孩子在同一个时间段受到外界的各种刺激，那么他们就会不停地更换教具，无法专注于某一个教具，那么他们就无法真正了解自己的需求，更谈不上自由选择了。认识到这一点对老师是非常重要的。如果孩子失去自己的主见，就很难发展得完美，而是会被外界环境摆布，甚至成为环境的奴隶，他们的内心会像钟摆一样摇摆不定。只有当孩子拥有了自我感知的能力以后，他们才能专注地做某件事情，此时他们的心理才称得上成熟。

我们能够在不同的生物身上发现这种简单又重要的现象。所有生物都拥有在复杂的环境中进行选择的能力。这是一种非常有用的能力。植物会从泥土中选择适合自己的特定养分，昆虫会从花丛中选择特定的花朵来进食。人类也是如此。只不过动物和人类的区别在于，人类的这种选择能力是后天形成的，不像动物是与生俱来的。

孩子，特别是不满1岁的孩子，他们的内心非常敏感。不合适的教育会抹杀孩子内心的敏感性，使他们成为环境的奴隶。**很多成人的内心已经丧失了这种敏感性，所以我们才会因为发现孩子拥有这种敏感性而感到惊讶。**如果老师没有经过专业训练，就会很轻易地抹杀孩子的这种能力，如同大象毫不留情地踩碎娇弱的花朵一样。

当孩子能把自己的注意力集中在某个物体上时，他们会不断地摆弄这个东西，此时他们的内心是安全而放松的。我们成人只需要满足他们的需求，帮助他们去除障碍就可以了。**在孩子达到集中注意力的状态之前，老师一定要懂得自我克制，不能打扰孩子们，让他们可以自由地发展。**

当然，老师并不是单纯地作为旁观者就够了，而是必须全程认真地观察孩子，了解他们微妙的变化。不过，老师在观察的时候不能让自己处于明显的位置，更不能随意地给孩子提供帮助。**老师必须通过观察，发现孩子注意力的变化状态以及心理发展的情况，适时地提供合理的帮助。**

在孩子看来，可以集中注意力是一件很快乐的事情。孩子的性格也会在这个过程中慢慢地形成。当孩子走出自己所关注的事物时，他们会觉得周围的一切都很新鲜，全世界都变得美好了。此时，孩子的心中充满了爱，会更加热爱身边的人和事物。这一点很好理解，当孩子专注于某一样事物的时候，他们就将自己与周围的环境完全隔开了，等到他们从完全专注的状态中脱离出来的时候，看到的是一个全新的、富有吸引力的世界，也就能与这个新世界更好地融合。也就是说，**孩子只有适时地抽离所处的环境，才能实现更好的融合。人类的心理发展同样如此，想要与他人更融洽相处，就要花时间自己独处，才能得到爱的力量。**那些智者在造福人类之前，都会将自己关在房间里苦思冥想如何造福人类。爱与和平这种伟大的事业，就是这样进行的。

　　孩子在隔离自己与周围环境的过程中，会帮助他们养成坚毅而平静的性格，还会令他们对他人心存爱意。与此同时，孩子还能获得自我牺牲、遵规守纪、服从等一系列优秀的品质。接下来，**他们的内心充满了对生活的热爱，并且会把这种爱传递给身边的所有人。**

　　老师们也要认识到，注意力的集中可以帮助孩子培养社会责任感。当孩子形成社会责任感以后，老师需要继续为孩子提供帮助。就像植物想从蓝天、泥土中吸取营养一样，孩子是十分渴望跟着老师学习知识的。只是对于缺乏经验的老师来说，孩子们的这种热爱可能会给他们带来巨大的压力。

　　在教育工作初期，老师不应该在孩子的混乱行为上浪费时间，而是应该关注孩子的基本需求。老师不应该沉迷于表象，而要关注本质。在工作初期，老师可能会对自己的工作效率有所质疑，甚至质疑自己的工作能力，因为孩子可能并没有什么进步的表现。但是随着时间的推移，老师就能发现，**孩子们正在一点点地独立起来，他们的表达能力也变强了，成长的速度也加快了。**此时，老师们就会认识到自己的工作价值。

　　孩子是非常需要权威的引导的。当他们运用自己的能力和智慧完成了一件事（比如完成画作或者拼写出单词）时，都会寻求权威的意见。

　　要注意的是，孩子并不需要我们指导他们应该如何完成工作，他们拥有自由选择和自主工作的能力，他们需要的是完成工作以后的肯定。

孩子的本能是遵从自己的内心展开行动，这可以保护他们顺着自然的规律正常发展；但同时，孩子也需要得到权威（即成人）对自己工作成果的肯定，借此确定自己的发展方向没有错误。

就像孩子刚开始学走路的时候那样，尽管他们已经学会了走路，却依然期待成人可以张开双臂在前方等待着他们。**孩子需要成人的鼓励和肯定，尽管他们的成长更多的是依靠自己，与成人并没有太大的关系。**

当孩子拥有足够的信心后，就不会再寻求其他人的鼓励了，即便在他人不了解的情况下，他们仍然会持续地工作，因为他们此时关注的是工作本身，而非他人的肯定与赞美。

很多参观过我们学校的人都记得，我们在介绍孩子取得的工作成果时，从来不会介绍孩子的姓名，孩子们也从来不关心老师是否会介绍这些成果的作者。

其他传统学校的孩子却并非如此，一旦老师忘记介绍他们的姓名，他们就会感到很难过，因为他们渴望让别人了解到哪些是自己的工作成果。

在我们的学校里，当我们介绍那些精美的作品时，完成它的作者却有可能正忙于其他的工作，并且不希望有人打扰他。

当孩子们一丝不苟地完成自己的作品时，会慢慢地形成一种纪律性，此时，他们有条不紊，具有服从意识，并且内心充满了爱。